いま大学で勉強するということ

いま大学で勉強するということ

「良く生きる」ための学びとは

佐藤優
Masaru Sato
松岡敬
Takashi Matsuoka

岩波書店

はじめに――「入学歴社会」の終焉

日本の大学教育は、現在、大きな曲がり角にきている。それを私なりの言葉で表現すると「入学歴社会」の終焉だ。入学歴社会とは、現役ならば一八歳、一浪ならば一九歳の時点における偏差値で測られた学力が社会に出てからもその人の能力と見なされる歪んだ現状を指す。高偏差値を得るための勉強法は簡単だ。基本書の内容を暗記して(理解していなくてもよい)、その内容を九〇～一二〇分の筆記試験で再現する能力だ。国家公務員試験や司法試験で問われる能力もこれと基本的に同じだ。これは社会を指導することになる人々に求められる必要条件ではあるが、十分条件ではない。

これまでの日本の高等教育においては、大学で何を学んだかということは問われなかった。おそらく、明治期に日本が、先進国に追いつこうとして、とにかく記憶力のよい若者を集め、促成栽培して、後は仕事をする中で力を付けていけばよいという発想が長い間、残っていたからと思う。しかし、現実問題として、新自由主義的な競争原理にさらされている日本の企業は、十分な教育を新入社員に与えることができなくなっている。その結果、大学に職業訓練のような実学プログラムを押しつける傾向が強まっている。

本書を読んでいただければよくわかるが、共著者である松岡敬・同志社大学学長は、このような流れに抗した教育で、学生の知力と人間力を強化しようとしている。その根底にある教育哲学が、キリスト教主義だ。

校祖・新島襄は、自らが作ろうとする大学の理念について要点を記した手紙(一八八八年一〇月一三日付)を弟子の徳富猪一郎(蘇峰)に送った。当時二五歳の徳富は、新島の理念を「同志社大学設立の旨意」(一九八八年一一月)という文書にまとめた。そこではキリスト教主義についてこう記されている。

吾人は基督教を拡張せんが為に大学校を設立するにあらず、ただ基督教主義は、実に我が青年の精神と品行とを陶冶《とうや》する活力あることを信じ、この主義をもって教育に適用し、さらにこの主義をもって品行を陶冶する人物を養成せんと欲するのみ。

故に吾人が先《ま》ず将来において設けんとする大学専門の学科は、現今同志社に在る神学科の外において、政事、経済、哲学、文学、法学等に在り。

（同志社編『新島襄　教育宗教論集』岩波文庫、二〇一〇年、三一頁）

さらに新島襄が米国のアーモスト大学で得た学位は理学士(Bachelor of Science)であることを強調しておきたい。キリスト教主義を中核に据えた文理融合が同志社大学の建学時からの理念である。実際、意欲を持ってこの大学で学んだ学生は、文科系、理科系双方にまたがる高いレベルの学知と人間力を身につけることができる。

私自身の人生を振り返っても、同志社で学んだことが、外交官、職業作家になってからもとても役に立った。同志社は小宇宙で、その後の私の人生で起きたことの予行演習をすべて学生時代に済ませていたといってもよい。そのあたりに興味のある方は、拙著『同志社大学神学部——私はいかに学び、考え、議論したか』(光文社新書、二〇一五年)に目を通していただきたい。

「同志社大学設立の旨意」には、この建学の理念である良心についてこう記されている。

一国を維持するは、決して二、三、英雄の力にあらず。実に一国を組織する教育あり、智識あり、品行ある人民の力に拠《よ》らざるべからず。これらの人民は一国の良心とも謂《い》うべき人々なり。而《しか》して吾人は即ち、この一国の良心とも謂うべき人々を養成せんと欲す。

（『新島襄　教育宗教論集』三二頁）

良心とは、一人ひとりが清く正しい心を持つということではない。自分が良心的と思っている人ほど、傲慢になり、悪にまみれてしまうことについての警告だ。キリスト教的良心とは、悔い改め（メタノイア）のことである。

同志社大学の在学生、この大学に関心を持つ高校生と浪人生、その保護者にぜひ本書を読んでもらいたい。そして、自らの将来と日本と世界のために、この大学を最大限に活用することを考えてほしい。同志社以外の大学生や教育関係者に対しても、キリスト教主義教育という、日本では異質であるが、グローバルに活躍する上ではきわめて有益な知の在り方について、正確な情報を提供することができると思う。

本書を上梓するにあたっては、同志社大学の松岡敬学長、磯野聡司学長秘書、岩田喬広報部長、岩波書店の岡本厚社長、中本直子氏にたいへんにお世話になりました。どうもありがとうございます。

二〇一八年六月一九日

佐藤　優

同志社大学特別顧問〔東京担当〕・神学部客員教授

目次

第1章

二〇二〇年学習指導要領改訂の意味

——真の「ゆとり」を取り戻す

佐藤優氏

松岡敬氏

一九七九年型教育モデルの限界

佐藤　松岡学長は何年入学ですか？

松岡　一九七五年です。同志社が一八七五年に創立されましたから、ちょうど創立一〇〇年の時です。

佐藤　私は七九年ですので、四年後輩になります。

ところで、私はいま、「現在の教育は一九七九年製の飛行機だ」という仮説を立てています。一九七九年に、いまの大学入試センター試験のもとになる共通一次試験が導入され、共通一次によって日本の教育はガラッと変わりました。それまではマークシートはごく一部で記述式が多かった。そして私立大学、特に経済学部が受験科目から数学を外していく。文系学部で数学があると敬遠されて偏差値が下がってしまうからです。

その結果、かつてないほど文科系と理科系の分離が進んでしまった。その後大学での教養課程も改定されて「一般教養」がなくなります。現在、またリベラルアーツは見直されていますが、実は二〇〇〇年代に入って、「一九七九年製の飛行機」はガタがきていて、抜本的な手直しをしないといけないことが明らかになってきた。ところが日本の伝統は「零戦」方式なんですね。零戦というのはまず一一型を作り、二一型、二二型、三二型、五一型、五二型、五三型、五四型、六二型、六三型、六四型とマイナーチェンジを続けて、結局ずっと飛ばしていくという発想で、抜本的な構造転換をしない。

文科省もそこは気がついていて、アクティブ・ラーニングなどを言い出していましたが、ついに二〇二〇年度から学習指導要領の大改訂を行う、となりました。

この大改訂は「新しい飛行機」をつくることになると思います。プロペラ機からジェット機への転換レベルの大きな日本の教育の転換になる。

最初の一〇年はいろいろなトラブルがあって試行錯誤もあるでしょう。しかし安定飛行になった場合、この二〇二〇年度型の教育モデルが三〇～四〇年から半世紀ほど続く可能性があります。改訂から一〇年後にこのモデルが安定化すると、この教育を受けた学生たちが社会に出て来ます。そうなると、旧式の飛行機の操縦法を覚えているいまの学生や、社会人になっている過去一五年ぐらいの学生たちの知識は通用しなくなる危険性がある。これが私の現状認識です。

同志社は京都にある私学として、東京から少し距離があることを利点に事態を冷静に見ることができる。旧式の飛行機のあり方を変えるという改革プランが出てきているところに、地道な教育をきちんとやっていこうという独自の転換が同志社で始まっているのは面白いですね。

京都からの冷静な目

松岡　一〇年先というのは非常にいい切り口だと私も思います。私は工学部出身で機械工学が専門です。ものごとというのはどこかに「遊び」がないと、ギチギチの状態では動かない、それを動かすためには柔軟に対応できる「遊び」の部分がないとだめなんです。人間も全く同じだと思っていて、先にこうあるべきだという前提をつくってしまうと、その型にはめられた存在となってしまいます。

ご指摘のとおり、京都は東京と距離があり、立ち位置が少し異なるので、いろいろな出来事を客観的に見ることができますね。その大きな要因は、「ゆとり」なんです。もちろん大学において学問を修めるのですが、一歩キャンパスから外に出ると、すぐそこにはお寺がある。神社仏閣、伝統芸能、京都の庶民の暮らしなど、首都圏とは異なった「ゆとり」のある京都の文化が存在しています。そして学生が学術研究に加え、その文化に触れて人格を形成していく。つまり地域も大学と共に人を育てる。これはこれからの社会において非常に重要だと考えています。

二〇二〇年の入試改革とは、佐藤さんの言われた「七九年モデル」が積み残してきたものをしっかり洗い直して、それをどう教育に組み込むことができるのかが問われているのだと思います。新学習指導要領が安定飛行するまでに一〇年かかるとおっしゃいましたが、同時に、一〇年経った時に何が起こっているか。二〇三〇年はまさに一八歳人口が一〇〇万人を切る時期なのです。この二〇三〇年をしっかり見た上での改革とはどうあるべきか考えなくてはなりません。

いま国も多くの大学関係者も、日本人を対象とした入試を考えているのですが、二〇三〇年を念頭に置いたとき、実際にそれだけでいいのか。世界を見据えた入学、入試制度を考えていかないと、日本の大学自体がグローバル化する社会の中で遅れを取ってしまうでしょう。個々の大学が一生懸命グローバル化を進めようとしても、それだけでは足りません。文科省は「留学生三〇万人計画」もあるので、大学の国際化拠点整備事業である「グローバル30」で、同志社を含む一三の大学を採択しましたが、それらの事業の検証・評価をしっかりとできているのか。また、それらの検証が、今回の入試改革も含めた高校・大

今出川キャンパスは京都御苑の北隣、相国寺の門前町と公家屋敷の混在した場所、薩摩藩邸跡に位置する。

学の接続、いわゆる「高大接続」の中にどう組み込まれているかという点も重要です。

京都御所でサッカー

佐藤　私は大学での講義も本にして残しているのですが、他大学の講義も聴いた編集者が同志社は学生の気質が違うと言うんです。私もそれは感じていて、学力やコミュニケーション能力は変わらないのですが、私のようにそこそこ作家で名前が売れていると、関東の大学だったらすぐに寄ってきて親しくなって、そこから誰か紹介してもらおうとするがっついた学生が何人もいる。

ところが同志社の学生は、神学部という特性もあるのですが、その辺はおとなしいかわりに、直接実用に役に立たないような「悪魔の権利はどうなっているのか」といった話では非常に深く考え、プロの編集者たちの世界でも十分通用する議論をする。「深く考えるというアカデミックな雰囲気がある」と言われました。それはいま学長がおっしゃった「ゆとり」とも関係していると思います。

私の学生時代を振り返ると、昼にはパンを買って隣の相国寺の境内で食べるとか、体育は京都御所の端っこを借りてハンドボールのゴールを使ってサッカーをしていたし、ジョギングは京都御所の周りを回る。ちょっとした「遊び」が身近にある。

松岡　そうそう。私も御所サッカーでした。それもグラウンドの横で着替えさせるんですよ(笑)。

佐藤　あの玉砂利の道をジョギングする。砂利道は負荷が全然違うので、途中であごが出そうになるんですよね。

松岡　当時の体育は、ラグビー日本代表監督も務めた岡仁詩先生が、御所で、ラグビーではなくソフトボールを教えていましたからね(笑)。

佐藤　体育を落とすと四回生以降は「体操と卓球」種目しか取れなくなるのですが、それがすごく厳しい。体操でフラフラにしたあと卓球でフラフラにするという、しごきとしか思えないようなものでした。単位がかかっているから、みんな必死です。だから、体育だけは四回生まで絶対に引っ張るな、と言われていた。面白かったですね。

裏技があって、体育の授業は年間で二八回なのですが、そのうち二二回以上出れば成績はCでも単位は絶対くれる。それで、そのうちの七回分を同立戦(同志社大学と立命館大学のスポーツ対戦)の応援や水泳とかで補える。

私は二回生の時に、ゴルフをやろうと思って抽選のくじ引きに外れたんです。残っているのが岩倉校地のテニスと、体操と卓球だというので、二回生の時はパスした。三回生のときはフィギュアスケートとバドミントンでしたが、実態を全然知らないで、ホリデイ・イン京都に行ってスケートして、夏は楽しくバドミントンをすればいいんだなと思ったら、スケートのナショナルチームの女性が講師で来て、最後にスケートの演舞を一人ずつやって、それで得点にするという。これはやばい、スケート靴をはいてもうまく歩けない(笑)。スケートを二回やったところで夏に入ってバドミントンですが、バドミントンはあまり監視がない。ただし、中抜けするやつがいるから時々集合をかけて、終わりの時にもう一回点呼をするし、その時にいないと登録が取り消されるとかいう感じでした。バドミントン六回とスケートを二回だけ出て、後は夏の水泳の特訓とハイキングをやって出席回数を稼いだという思い出があります。

松岡　その時教えておられたのは石田(岡本)治子先生といって、いま女子フィギュアを指導しているコーチたちの師匠格の方ではないでしょうか。

佐藤　そうだと思います。ひどい経験だった(笑)。射撃や乗馬もありましたね。岩倉に射撃場があった。合宿制のスキーも単位になっていましたね。

松岡　いまもスポーツ健康科学部でやっていますね。夜は温泉に入れるからいいんですよ。スキー合宿も長く続いていますが、やはり思い出に残る授業ですね。

京都の時間の流れ

佐藤　いまでも京都には、東京ではほとんど絶滅してしまった旧来型の喫茶店がかなりあって、学生がたまっていろいろな話をしている。京都という土地は四年、あるいは大学院を入れて六年の生活をする時に、人間関係が濃密なんですよ。

松岡　私は大学で「友だち」というのはこういうものなんだと思ったんですね。北海道から九州まで、全国いろいろな地域の出身だという新鮮さもありますが、それまでの友だちにくらべて話す内容が本当に多岐にわたり、かつ位相もさまざまになる。そうやっていろいろ話す中で、お互い意思を通じ合わせることによって、実に多くのものを得ているのです。

京都には確かに学生のたまり場がまだ多いですね。いまは学生も目まぐるしく時間に追われがちですが、若い年代の、大きく成長していく時期に、自分の世界にほっと入り込んでみる、そして自分の気持を本当に話すことができる場、社会に出てからは、なかなかその「ゆとり」は味わえない。学生の持っているその時間こそ、本来の人間を、自分自身をしっかりと見つめ直す大事なものだと思います。

自分のことをふと考える時間というのは、逆に社会に出てからの方が大切なのですが、学生時代に経験していないとできないものなのです。そこから自分をどのように表現するのか、自分をどう成長させていくのかが何となくわかっていくように思います。

佐藤　同志社を出た人は共通に感じていることだと思うのですが、同志社は一つの小宇宙なのです。あそこでの経験は、その後の人生で経験することの原型なんです。私は、外交官としてソ連の崩壊を目撃したり、鈴木宗男事件に連座して逮捕されたりしましたが、類似したことはたくさん同志社時代にあったし(笑)、そんな時に、どの友だちが信用できて誰が逃げそうだというのも、学生時代の基準でだいたいわかるんです。

非認知的能力を養う

佐藤　同志社の山岳部にいた人の話ですが、基本四年間同じことをする、同じ山に登るのだというのです。一年目は自分の命を守る。山でどう行動したらいいのかを覚える。二回生は一回生に自分の知識を伝授する。三回生は企画立案。四回生が評価する。こういう訓練を学生時代にしていると、社会人になってから実に役に立ちます。

未知の仕事では、まず人に迷惑をかけないレベルに習熟する。その次に自分のチームなり、部下なりに教える。それからさまざまな企画立案をする。そして、それを見渡して評価する。これは企業でも官庁でも基本ですが、マニュアルを覚えるというよりも、非認知的な能力なのです。

学生運動もそうです。かなり乱暴な連中もいましたよ、私も乱暴な一人だったかもしれないけれど(笑)。でも、外部のセクト(党派)を入れないんです。当時、野本真也先生という旧約聖書学の先生がよく「大人の政治に気をつけろ」という言い方をしていましたが、後ろに大人が思惑を持ってくっついている政治やカルト的なものに対しては、大学はきちんとガードしなければいけない。しかし学生が内発的に試行錯誤していることならば、多少の逸脱、他の大学だったら軽く退学になるようなことでも容認するのです。

新島襄自身、学生がストライキを起こした時に処分しませんでした。いまでも遺品庫に杖が置いてありますが、こういうことになったのは自分の責任だと自分の手を何度も打って、そのあと後遺症が残るほどだったと伝えられています。その姿勢はいまも生きている。

社会学科にいたドイツ文学者の和田洋一先生は、中井正一や久野収と共に『世界文化』の同人で、京都人民戦線事件で捕まった人ですが、後に『新島襄』(日本基督教団出版局、一九七三年、後に岩波現代文庫、解説・佐藤優、二〇一五年)という評伝を書きます。これは、新島礼賛本ではないんですね。私はあまり同志社が好きじゃない、捕まった時に助けてくれなかった、と。そして新島襄は決して秀才ではない、アーモスト大学の学位が、通常「バチェラー・オブ・アーツ」であるところ、新島は「バチェラー・オブ・サイエンス」だ、arts、つまり古典ギリシャ語とラテン語がまるでできなかったこと、そして彼が選科に一年行っていることを明らかにしています。校祖のことを尊敬しているけれども、神格化はしない伝記なのです。このように、自校礼賛をしないで、突き放して見るという姿勢がある。

また、同志社大学の設立の辞は、新島夫人との折り合いが悪くて出奔した徳富蘇峰が書いています。同志社を離れた後も蘇峰はずっと手伝っていたという、不思議なところなんです。

七〇年代に「フォークの神様」と言われ一世を風靡した岡林信康さんは、牧師の子で同志社大学神学部中退ですね。戦前の同志社出身者には、初めて『資本論』を全訳したのだけれど、読んでいるうちに『資本論』は性善説に基づいていて国家論がないと感じて、日本の国家社会主義に向かった高畠素之、そして労農派マルクス主義の祖となった山川均がいます。

社会党党首だった土井たか子さんも同志社の生んだ独特の知性ですね。彼女は一般には左翼と見られていますが、土井さん自身は、「私は一条から八条までの護憲もすごく重要だと言っている」、また「私は宮沢俊義流の八月革命説を取らない。帝国憲法と連続していると考えている」という、非常な尊王家なのです。土井さんは、皇室関連の行事に呼ばれると、「田畑忍先生に聞いてみたら、「行ってかまわない」という答えをよくした」と、私は土井さん本人から聞きました。田畑忍さんというのは同志社の法学部の先生で、リベラルと見られていたけれども、これもまた大変な尊王家で有名なんですね。そういう、いろいろな複雑な形で錯綜している人がたくさんいる。だから、世間で言われるイメージとは全然違うんです。

静かで確固としたリベラリズム

佐藤　松岡さんが学長になられてから、同志社らしさが強く出たと思うのが、軍学共同に関して「全面的に研究の出口を管理しきれない社会情勢下においては、研究の入口で研究資金の出所等に関して慎重な判断を行うことが肝要」という声明をいちはやく出したことです。

大学の中でも、自衛隊と直接関わるのではなく、幅広い防衛産業の一環であれば協力してもいいのではないかという意見もあるでしょう。ただ、同志社の方向性は、学問は平和的に利用しなければいけないというだけではなく、学長のおっしゃる「ゆとり」の発想と関係していると思います。軍産複合体からのオーダーに合わせた規格品をとにかく正確に作る、ということをしていったら、「遊び」がなくなってしまう。それでは企業の付属研究所です。

しかも、それに与しない自分たちの立場を、ラッパを吹いて宣伝することはしないで静かにしているのだけれども、実際に学生たちが妙なところに巻き込まれるような環境を作るのはやめようという、確固としたリベラリズムがある。

松岡　軍学共同についての議論の中でも私が主張したのは、教員が決めるのではなくて、「学生がどう感じるか」ということです。かれらは社会に出てから、世界の中で、職業人としての立場で活躍していく。その時に大学が軍事関係での研究などに関わっていることが、かれらの職業選択や生き方に対して一つの枠をはめてしまうことなどは、絶対にあってはならないと思うのです。だからこそ、自由な研究、自由な教育の中でかれらが学び、そして成長できる環境を作っていく。そのために大学がどのような立場を取れば良いのか、われわれはその視点で判断しなければいけない。

私は理系の教員でもあるがゆえに、なお一層、これは自分に直面した問題であると感じていました。

いま大学のあり方が議論される中で、財界・産業界からの大学への要請はいろいろなものがあります。もちろん大学として産業界としっかり連携していきたいと思います。どの産業とリンクしてくるかは分野によって違いますが、露骨に軍事産業的なものが前面に出てくることについては、しっかりと見きわめる力をわれわれは持つべきでしょうし、その力をこれからの社会を支えていく学生たちに示さなければいけない。

産業界が腰を据えて、自分たちの立ち位置の中でがんばっていかれるのは大歓迎です。大学で養成した人物が、社会の中で活躍できるようにしてもらいたいと思っています。

なぜ記述式入試を続けてきたか

佐藤　同志社の入試は全科目で選択式と記述式がずっと併用されていますね。

松岡　そうです。私も数学の採点をしていましたが、ほぼ記述式です。同じ問題でもどういう切り口で解明していくかで、記述式には、実はその人の個性が出るのです。きちんと論理立てて解答できる人は、やはり論理的思考が整っているし、あるいは、Aという式を引き出すのに思いもよらない角度からあっと驚くような式の導き方をする人もいる。これは本当に賢い人だな、と思いますよ。

つまり、解に至るまでにいろいろなことを考える、思考の流れが見えてくる。それと「問題の質」という面もあって、良問が出た時に解答率が非常にいいかというと、実は一概に言えないのですが、部分点がしっかり取れる人が多いとか、問題の与え方によっても解答例は変わってきます。

その点からも記述式の価値は非常に大きい。答えが出なかったら零点、ではないんですね、その過程を全部見ていますから。「こんな考え方ができるのか」という学生が入ってくる。もしかすると単位を取るのに苦労するかもしれない。でも「ほんとにすごいな」という学生がいるんです。

一方で記述式の課題は、非常に手間暇がかかること。採点時には、数学の採点者集団が缶詰になってダーッと採点するのです。教員は大変ですが、入学する生徒の学力面での質保証はしっかりでき、そして四月にはそのかれらが教室に座ってくれているという安心感がある。この記述式入試があるからこそ、高校レベルのおさらいではなくて、大学で教育すべきレベルで講義をやっていけるわけです。

二〇二〇年度の学習指導要領、高大接続改革では、社会がわれわれ大学の中で教育すべき内容をどこまでしっかりと評価できるか、そしてその担い手となる学生をしっかりと確保できているかが、重要なキーになると思います。同志社がずっと記述式入試を行なってきたことは、自分たちの大学の中で教育すべき人材をきちんと評価し、そして受け入れることができている証だと自負していますね。

大学の「作問力」が問われている

佐藤　同志社の入試問題は、英語にしても数学にしても他の大学と比べて「クセ」があるんです。対策を立てないと合格しない。すなわち、センター試験の勉強をして、いま持っている学力で一番高い偏差値の学校に入ればいいという勉強のしかたでは弾かれるリスクがあります。関西の私大の特徴は、なかなか関東からは見えない。関東は受験産業が発達し過ぎているので、学校が偏差値によって細かく輪切りにされているからです。関西はその辺は非常におおらかで、偏差値という基準とは違う点で大学を決めるから、学生の幅が非常に広いですね。

入試で思い出したのですが、二〇一一年に同志社と京大と早稲田などを受けた生徒が、スマホを見てカンニングをした出来事がありましたね。早稲田は合格したのですが、京大が偽計業務妨害でその受験生を刑事告発し、早稲田もそれに準じた。ところが同志社は、処分はしないと。しかも会見で特に対応を変更する必要はないと言った。すなわち合格していないという意味ですが、私は新聞のコラムで「わが大学を非常に誇りに思う」と書きました。一八歳の受験生に必要なのは教育であって、刑事罰を与えることではないのです。

そうしたら当時の野本真也理事長からメールがきて、まさに言いたいことはこれなんだ、たかが学生のカンニングじゃないか、と。結局、早稲田も被害届を撤回しました。

そういう細かいところにも、校風というものが見えるんです。入試で切羽詰って不正行為をする受験生もいるでしょう。しかし、それを刑事事件化して、その子の将来の可能性がなくなるようなことを教育者がやるものじゃない。声高に言わなくても、同志社大学にはそういうコンセンサスがある。しかも、他大学が何をしようが、うちはやらないという判断ができる。これが同志社の面白さなんですよ。

サイエンスリテラシーと文理融合

佐藤　いまスーパーグローバル化が推奨されていて、英語で講義したりしていますが、話を聞くと、日本人教授で比較的よく英語ができる人でも、日本語で講義するのと比べて、約三割しか伝えられないという。外国語ですからそれも道理なのですが、さらに学生の理解は、日本語の講義と比べて約二割だ、と。こんな異常なことが、いまあちこちの大学で起きている。

考えてみれば、明治時代には、神学用語なんて訳語がないし、同志社は最初、ほとんどの科目を英語で講義していた。そういうところから苦労して、二〇年三〇年かけて日本語で講義できるような教育体制を作っていったわけです。母国語での吸収のほうがいいに決まっていますから。英語は英語で勉強するプログラムを作ればいいので、日本人同士の知の伝達については、母国語でやるのが高等教育の原則だと思います。まともにスーパーグローバル化につきあうと、知識の吸収が遅れてしまう。一〇年後ではなく五年後には、それによる疲弊が出てくるでしょう。

松岡　先ほども言いましたが、私は学生をあまり型にはめたくありません。そして、サイエンスがもたらすものは無限だと思っています。サイエンスを踏まえたスタンスでものを見る力が、発想を広げていく部分が非常にある。数学を学ぶことが大切なのは、生きていく中で、論理的なものごとの見方、解決する力を養ってくれるからだと思います。どのような仕事においても、論理的なセンスを持ち得ていないと社会の中では伸びていかない。そういう人を一人でも二人でも着実に育てていく必要があるのです。

私は機械工学の教員ですが、指導学生の就職は機械メーカーだけに限られている訳ではなくて、銀行や証券会社に行く人もいます。金融界にもわれわれが育てた学生が必要で、活躍する場があるからです。いまは第四次産業革命だと言われ、人工知能(AI)だ、Io

T、ビッグデータだとさかんに言われています。そこで息の長い産業を生み出し、支えていくためには、サイエンスの思考抜きでは不可能です。

また、自分自身の人生を考えること、自分はどのように生きていくのかを、学生時代に深く考えることはすごく大切だと思います。「先」をしっかりと位置付けて、それに向かって、回り道するかもしれないけれども努力する、「こうやったら要領よく生きていけるのではないか」という生き方をあえてしない。それは、人間として質の高い成長だろうと思います。

京都は、そういう回り道を苦としない人間が多いように感じます。それが先ほどの「ゆとり」なんですね。首都圏は、効率を高めることだけでものごとを判断しているところがあるのではないでしょうか。ちょっとまったりとした雰囲気が、実は人生の中では大切で、若い時にそれを知ることが豊かな生き方につながっていくのだと思います。私自身、京都での学生生活の中でそういうものを感じたかなという思いがあり、それがずっと自分の生き方に残っていますね。

錬金術と心理学

佐藤　今のお話はこれからのサイエンスリテラシーに大きく関わってくることだと思います。再生医療やＡＩを考えるとき、人間についての考察が必要になってくるからです。野口範子さんという、同志社の生命医科学部医生命システム学科の教授は、筑波大学の生物学類から医科学研究科に行って、帝京大医学部で法医学をやってから東京大学に一四年勤務して、東京大学先端科学技術研究センター特任准教授をへて同志社に来られたという、非常にユニークな経歴の方ですが、彼女が関心を持っているのがサイエンス・コミュニケーターの養成で、文理融合で両方がわかる専門家を育てていかないとだめだと言います。私もこの考えに全面的に賛成しています。

日本の理系の最大のエリートが集まっているはずの理化学研究所でＳＴＡＰ細胞騒動が起きました。起きたことも問題ですが、その後、再現できないことの証明にエネルギーをかけるというのもきわめてナンセンスであるにもかかわらず、理研は悪魔の証明を引き受けた。しかもその過程で、自殺者まで出るようなことが起こってしまうんですね。

どういうことかというと、われわれ、神学をやっていた者は中世錬金術の仕掛けを知っているでしょう。中世の錬金術は必ず研究室を持っていて、卑金属を貴金属にしたなんていう成功例がたくさんある。しかし、卑金属が貴金属になることは絶対にないですよね。

この問題に再度注目したのは心理学者のカール・ユングです。一九世紀末から二〇世紀初めにかけて「心理学」という学問が出てきたわけですが、「錬金術が成功する」とはどういうことか、彼はこう分析します。客体である卑金属が変化するのではなくて、研究に携わる者たちの無意識の領域を錬金術師が支配した時に、錬金術は完成する。だから実はこれは心理学の問題なんだ、と。

狭い研究室にいる人たちの磁場を変化させて、確かにできたのだと思わせることに成功すれば、金もできるしＳＴＡＰ細胞もできてしまう。だから、もし理研のスタッフたちがユング心理学を知っていて、錬金術の論理が実は心理学だということを知っていたならば、もっと冷静な目で見ることができたでしょう。

あるシンポジウムで「宗教と人工知能」というテーマでＡＩを正面から扱ったのですが、私の問題提起は、ＡＩを扱っている人たちの人間観、世界観が、きわめて単純なニュートン力学の世界であることでした。基本的に量子力学よりも前の、「神様はサイコロを振らない」という世界だから、不確定なものに対する感性が非常に弱い。それからＡＩの現場で、ロボットが好きになって、人間の異性に関心を覚えないといったようなことが起きてくるでしょう。でもこれは一八世紀フランスの唯物論者ド・ラ・メトリの『人間機械論』とそんなに変わらない。文理融合、哲学・思想史との学際研究が必要です。

他方、技術の話として重要なのは、二〇二〇年度以後の学習指導要領改訂の高等教育で入ってくるのは、文科系理科系問わず、実用英語力の充実とともに、情報教育なので、高校卒業者はプログラム言語を読めるようになっているはずなんです。これが果たしてよいことなのか、私にはよくわかりません。

松岡　ＡＩなどをツールとして活用できる人材育成プログラムになっているのか、ということを見きわめないといけないですね。新しい技術だからと言って、単に踊らされるような人物を養成すべきではありません。科学技術が人々の暮らしをサポートしてくれるようにならないといけないし、またそのような社会を創り出す教育システムでなければならない。きちんとした人間観を持った人々が集まることによって、正常な社会が保たれるわけです。

佐藤　私もそう思います。すぐに役立つような知識は、社会に出てしばらくすると陳腐化してしまいます。大学では基礎的な勉強を、腰を据えて行うことが重要です。

学際的な研究については、同志社に赤ちゃん学研究センターがありますね。年齢ごとに、どう子どもと接していくのか。そこから生涯教育を考えていくというアプローチで、他の大学にはない試みですね。

逆に、たとえば慶應義塾大学の竹中平蔵先生の弟子になる中室牧子さんは、子どもに対する見方を変えよう、いままでは株や債券や土地が投資の対象と思われてきたが、子どもこそが最大の投資対象だ、と。いくら投資すればどれぐらいリターンがあるか、アメリカのビッグデータで実証されているとする『「学力」の経済学』(ディスカヴァー・トゥエンティワン、二〇一五年)はベストセラーになりましたが、同じ赤ちゃんを扱うにしても、まったく視座が違う。

松岡　まさに赤ちゃん学は文理融合の研究で、心理学、哲学、倫理学、さらには脳科学、情報科学からの知見など、いろいろな分野が混ざり合って構成されています。多くの学問領域にまたがるため、対象となる赤ちゃんをどのように取り扱っていくのか、という判断は非常に難しい。しかしまた同時に、これが非常に価値のある研究であることはまちがいない。

赤ちゃん学は、二〇一六年に文科省の共同利用・共同研究拠点に認定された研究なのですが、拠点となる赤ちゃん学研究センターは世界の拠点になれというわけで、大学としては、世界から研究者が情報を持って来ていただく集結点としていきたいと思っています。二〇一七年五月には理化学研究所との共同研究がスタートしています。国も、赤ちゃん学をＡＩなどにもつなげる研究に持っていこうとしているわけです。

私学の役割とは何か

松岡　今後一八歳人口が一〇〇万を切り、教育が大きく転換する中で、私立大学という存在もあらためて問い直される時代になっています。多くの方がご存じのように、日本の社会にとって私学の存在は非常に大切です。たとえば早稲田も慶應も津田塾も、明治期にプライベートスクールとして創立された。その中で同志社だけが京都に位置しています。これらの歴史を持った大学は、いろいろな意味で苦労しています。それぞれの時代を生き抜くための努力もしましたし、実際に苦労した先人の思いや歴史がきちんと後継者に受け継がれています。第二次大戦前から戦後の、まさに日本の社会がもう二度と繰り返したくないどん底の世界も体験してきたのです。

そのような私学の持っているノウハウは、今後もしっかりと継承されなければならないと思います。大学が困難な時にどのように行動するか。戦後に設立された私学は、社会が成長する中で共に育ってきているんですね。そこに一八歳人口減がやってきます。すでに影響は一〇年ぐらい前から現れているかもしれませんが、こうした困難を初めて経験する大学が多いのではないでしょうか。

国立大学も同様です。国立は、基本的には経営については国が後ろ盾でしたから、好きなようにやれた部分がある。ところが独立行政法人化して、学長が経営のリーダーになり、そしてそのリーダーが大学を引っ張っていくべきだと変わった。しかしそのノウハウはあるのでしょうか。リーダーになった方すべてがその能力を持ち合わせているとは限りませんし、その組織全体がリーダーをサポートするだけの体制を築き上げられているかというとやや疑問です。そういう苦労を知らないのですから。

同志社は、まず京都という神社仏閣の地にキリスト教主義の大学を作るということ、またそれを着実に根づかせるということ自体にたいへん苦労しました。いまでも今出川の土地の一部は隣の相国寺から借りているんですよ。

佐藤　戦時中に、軍部との関係において、キリスト教の、しかもアメリカをベースにした学校だと、強い緊張が続いていた時期がある。私が同志社で学んだときの神学部の指導教授たちは、その当時のことを皮膚感覚で知っていて、それがわれわれの世代の同志社人にも継承されているから、自分たちのことは自分たちでやるんだという感覚が強いのですね。

松岡　京都の地というのは、いま言われたように非常に特殊なところでもあるのです。首都圏の歴史ある大学は、それなりの立ち位置で振る舞い、国に準ずる部分も生き抜くための術としてあったでしょう。同志社は京都にあることで、やや国の影響を受けにくくて、独自性を保ちつつ現代に至っているように思います。

だからこそいま果たすべきことは、国に動かされずにやってきた歴史の中で、培われた私学としての持ち味が、今後より価値のあるものとして評価され、変貌していくようにすることだと思います。自分たちでそう思うだけでなく、他者からもきちんと評価してもらえるよう努力をしていきたいですね。

「自発的な結社」として

佐藤　新島襄は私立の総合大学を関西につくりたいという思いが非常に強かった。当時の新島のやったことからすれば、国立にしようと思えば簡単にできたはずです。しかし私学にしたいという非常に強い思いがあった。そして、関東にある学校の特徴として、たとえば早稲田は「在野の精神」ということは、官があるから野があるという二項対立ですし、慶應は経済界で大きな位置を占めていくわけですが、同志社は建学の精神に「良心」を入れた。これは他とは位相が違うところです。

もう一つ重要なことは、同志社は「ミッションスクール」という言葉を使いません。「キリスト教主義の学校」と言います。極端に言うと、ミッションスクールはアジアやアフリカの国々を植民地にするための人材をつくるツールであって、強力な宣教団の意向が反映しています。同志社も宣教団の金はもらいましたが、言うことはきかない。それが同志社の伝統なのです。

でも、うちはもう少し寄付を集めないとだめですね。

松岡　そうです。

佐藤　みんな愛校心はあるんだから、年間、国費と同じぐらいの寄付は同志社の人間たちの手で集めて、国との関係がいつ切れても自力でやっていけるんだという意識を持っていく。

松岡　そういうやり方は、同志社は実は下手なんですよね。

佐藤　モンテスキューの『法の精神』は冒頭しか読まれていないけれども、三権分立だけじゃない。柄谷行人さんが強調していますが、モンテスキューが中間団体を重視したことに注目すべきです。国家の付属機関ではなく、私的な営利追求機関でもない、自発的な結社であって中間団体である。まさに同志が集まってつくっているところだから「同志社」なんですよね。

松岡　自発的な結社だからこそ、学生を型にはめないということを重要視したいのです。

高等教育機関が持つ社会への責任

松岡　大学での教育は、それぞれの特徴を持たせていかなければならないし、同時に社会がいま、どういう人材を必要としているのかということも、常に意識しながらしっかりと見ていく必要があります。それはあらゆる高等教育機関が持つ社会への責任だと思っています。

佐藤　いま産業教育の重視とよく言われるけれど、大学を自動車教習所にしてはいけないのです。自動車教習所の学科もすごくよくできていて、どこから始めても教科書の内容は全部消化できるようになっている。しかし、大学にそういう完成度を求めたらいけないんですよ。

他方で、型にはめないのと同時に、型を完全に無視したらいけない。逆説的なようですが、われわれが基礎を重視するのは、型破りな人間をつくりたいからです。型を知らずにユニークなことをやろうとしたら、デッサン力がなくて抽象画を描くのと一緒で、ただのでたらめになるのです。

学長の言われた、「社会がどんな人材を求めているか」ですが、時代の流れをよく見据えていかなければならない。大学が学生に難関な資格試験を志向させるということも起きていますね。

たとえば公認会計士の試験の合格者を多く出そうと組織的にやったとします。しかしその結果、深刻な事態が生じるでしょう。公認会計士というのは、二年間監査法人に勤務しないと免許がとれないのですが、いま、合格者の二割は監査法人に就職できない状態です。それから、会計が国際基準になったので、フィリピンやインドのような英語圏の公認会計士と競争することになってきます。そうすると、日本の会計士は価格競争で勝てない。こういうトレンドはきちんと理解しておかなければなりません。

弁護士もそうです。弁護士の世界が経済的にどうなっているのか。法科大学院問題もありますが、何のために優秀な子たちをお金もかけて法科大学院に入れるのか考えなくてはならない。

松岡　法学をしっかりと学んで、司法試験に合格して、資格を持って企業や役所に入るという選択肢もあるのだということも含め、進路は一本道ではないことをきちんと発信していく必要がありますね。

変動する時代には教養が必要

佐藤　ある難関高の生徒が私の本を読んで相談してきて非常に印象に残っているのですが、成績は非常にいい子ですが東大文Ⅰに行きたくない、というのです。なぜなら、いま東大の文Ⅰでは三年生で司法試験に合格するというのがスタンダードになっていて、法科大学院まで行くのは学力が低いと言われるのだそうです。しかしそれでは資格予備校と一緒で、その三年間は受験勉強の延長で司法予備試験と司法試験の勉強をすることになって、教養も語学も、何も身につかない。だからその生徒は文Ⅲに行って、世界史を勉強して、そのあと法科大学院に入って司法試験の法曹資格をとって、ローファームに勤務したあとアメリカのロースクールに行って、アメリカの弁護士資格を取得して国際弁護士として仕事をしたいというプランを持っていて、どう思いますかと相談に来たんです。

松岡　それはすごい。高校生が、よくわかっていますね。

佐藤　ええ、それには保護者の考え方も影響を与えているのだと思います。保護者が、現在の社会情勢では、自分たちの基準で考えているよい職業がもはやよい職業ではなくなっているかもしれない、と理解しているということです。保護者はみんな子どもの幸せを望んでいるけれど、自分たちの個々の経験則から離れていないから、往々にして社会の転換がよくわかっていない。

松岡　なるほど。

佐藤　これは同志社でも他人事ではないと思って、学生たちの就職相談に乗ったりする時に、社会全体のトレンドをよく見ておけと言っています。と同時に、変動する時代には基礎的な教養が非常に重要だ、と。

私自身、神学のようなきわめて「古い学問」をやったことで、ソ連崩壊に直面した時に情況を非常に正確に読むことができたわけです。ソ連崩壊については、ソ連専門家ほど何が起こっているか読めなかった。私は歴史に関心があったし、ロシア正教会関係者とつきあったりしていたので、まったく違ううねりがそこでは見えました。目に見えないけれども確実にあるものへの感覚が、実は教養においてはすごく大きいテーマになるのです。

大学で勉強をするということの意味

松岡　大学が困難に向き合う時こそ、大学自身も学生たちがキャンパスで学ぶことの意味を問い直す必要があるのだと思います。高校までの勉強と大学の学習の違いは、いろいろな扉が開かれるということではないでしょうか。

そして、自分でどの扉を開けるのか、入学したばかりの時はわからないんですね。まずはそれを大学がしっかりと教える。明確に目標を持っている人が大学に入ってこられたら、すぐにその扉を開けにいくことでしょう。一方で、ゆっくり開ける人もいるかもしれない。一年で開ける人もいれば、四年かかる人もいる。私はそこがとても大切だと思うのです。その人の学びたいこと、将来どうありたいかということ。大学がその人その人を大切にしていくということが、これからさらに重要になっていくでしょう。そのためのたくさんの扉を用意しているという意味で、一般教養には大きな価値があったと考えています。

さらに、私は、社会における教育も大切だと思っています。実はいままでは、大学を卒業して社会の中にポンと入っても、そこそこやれていたんですよ。ところがいまは、教育と社会の間に高いハードルがあって、それを越えきれない人がたくさん出てきているのです。会社に入ってからもトラブルが起こって辞めてしまったり、構造的な不適合が起こっていると感じます。社会と大学とがお互いに接点をしっかりと持とうとすることが必要だと思います。

ところが最近は、インターンシップが人を選択するためのツールとして使われているところがあって、私はこれには反対なのです。学生たちにとっては、少しでも企業のことがわかるからありがたいという積極的な面があることは評価しますが、本気でその人を育てようとするのかについては、社会はもっと考えていかないとだめだと思います。だから、大学と社会が協同してしっかりと人物を育てていこうとする努力が今後より一層大切になってくるでしょう。

だからこそ、一般教養的な科目も幅広く学習しておくよう、できるだけ大学生の低学年時に伝える。ぜひ扉を開けさせないと。読書でも映画でも音楽でも、教養を身につけるための道しるべは必要なのです。社会が大学に「こういう人材を出してください」と言っているだけでは育たないだろうと思います。

佐藤　その通りですね。それと同時に、われわれの時代と違って、企業が新人育成に関する経費を出せる余裕がなくなってきているんです。同志社の卒業生でも国家公務員の一般職が非常に増えていると聞きました。公務員、特に国家公務員は、中での教育・研修システムがしっかりしていることも公務員人気の要因と思います。ブラック企業的なものを見分ける力、教育が厳しい企業との見分け方も大学生のうちに身につけておかないといけない。

大学が内包するドラマ

松岡　大学で勉強しているのは実は学生だけではないんです。同志社の多様性に触れてきましたが、いろいろな学生が入ってきているということは、当然それに呼応してさまざまな問題が起こる。多様な学生たちと接触することによって、実は教員もいろいろなことを身につけていく。授業が崩壊してしまいそうになるとか、あるいは一生懸命説明しているんだけれども全然理解してくれない集団がいる、ということもあるでしょう。放ったらかしでもよく勉強してきたような人は、自分の経験では何も意識しなくてもちゃんと授業は成立していたじゃないか、と思うかもしれない。

しかしわれわれ教員は、そのような状況の変化を細やかに見ているんですよね。教員たちも、一研究者から教壇に立つ教育者という立場に就いた後は、学生と同じように「違い」を学んでいく。そういうことを私自身も講義している中で感じることがありますね。

佐藤　神学部の友人で、過酷な環境で育ってきて、当時学生運動が激しかった同志社で暴れたいという破壊衝動を持って入ってきた人がいました。それが私たちといろいろなことを侃々諤々やる中で、いったんは農協に就職したけれど、やっぱり牧師になりたいと大学院神学研究科に戻ってきました。牧師になってから博士論文を書いて学位を得ました。いまも交流を続けています。

同志社には、ここで自分の人生が変わったと、大学に深いところで感謝している人がいる。

そういう人間のドラマを同志社という大学はたくさん内包しているんです。私だって、同志社に来なければ本当にやりたい勉強は見つからなかったと思うし、今頃はどこかの大学の、それこそマルクス経済学の講座がなくなって社会経済学の教員として、「やることないな」と言って自信なく講義していたか、あるいは労働組合の専従になったが途中で辞めて学習塾講師になっていたのではないかと思います。

しかし、同志社に入ったから、やりたいことをやるためには外交官にならないとチェコには行けないと考えて、外務省に入った。そこから紆余曲折があって、また特別顧問(東京担当)兼神学部客員教授という立場で大学に戻ってくるわけですが、大学で受けた教育や人間関係が非常に私を支えてくれています。

たぶん松岡学長も、ご自身の人生でそういう経験があって、うちの大学を卒業しているかなりの人たちが大学に関わる自分の物語を持っているんですよ。そしてそれは、外国にいても集まったらみんなで校歌を歌うような愛校心じゃないんです。一人ひとりの物語があって、それを尊重する。

「学び直し」へ　五〇年先へのビジョン

松岡　現役の学生だけでなく、「学び直し」がいまとても注目されていますが、今後大学は高等教育機関として、これを自身の枠組みの中にどう位置づけるのか、考えなければなりません。国の動きとして、「働き方改革」とか、いろいろなワードだけが飛び交っていますが、具体的に何をやってくれるのかというと、補助金をつけて大学でこんな教育プログラムを作ってください、となるだけではないかとやや危惧しています。

「学び直し」や「働き方改革」の本質は何なのか、きちんと検証していかないといけない。つまり、社会が何を要求しているか、あるいは個人一人ひとりにとったら何が「私」として大切なのか、そういう目線ではまだ「学び直し」がとらえられていないんですね。逆に大学自身が学び直しの大切さをしっかりと認識し、教育機関側からそれを積極的に提言していく。大半は、その年代、立場などに応じてあらゆる世代の教育に柔軟に対応できますよ、という流れをつくっていくことができたら、教育機関としての可能性をさらに広げてくれるでしょう。理想的には、本学の教育が社会の中に浸透し、どの世代でも、また同志社をご卒業にならなかった方でも、学び直しや生涯教育というかたちで「ここ同志社で学ぶことが私の夢でした」と、そうなればすばらしいと思います。もちろんどの大学もそう考えるでしょう。そういう大学にならないと未来がない、そんな気がしますね。

佐藤　二〇年、三〇年、あるいは五〇年先までの日本社会へのビジョンを持って大学を作っていかないといけないですね。

歴史のレンガを積み上げる一人として

松岡　国は国でいろいろな動きをします。一方、大学側も、やはり確固としたビジョンを持って、揺るがない信念をもってそれに向かっていかなければならないのです。

もちろん、人々のさまざまな価値観に対して寛容でなければなりません。多様性が私たち同志社の一つの特徴です。多様性を維持しながら、その中で自身の立ち位置を定めることで、社会の評価を受けていく。これは真っ向勝負です。それができた大学は評価されるでしょう。生き残るためにはそれぞれの大学が一本しっかりとした信念を持っていないとだめだと思います。

そして卒業されたお一人おひとりにその信念を持ち続けていただきたい。

二〇二五年には本学の創立一五〇年という節目を迎えますが、いま言った大きな目標を掲げながら、それに向かって動き出すための一つの道しるべを、「同志社大学ビジョン2025」の中でつくり上げていく。新島は勝海舟との対話の中で、大学が理想の大学として成立するのには二〇〇年かかると語っています。「二〇〇年の大計」と本学が呼んでいるものです。それに連なるビジョンを、私たちはどう持っていくのか。

ノンフィクション作家で、同志社の校友である保阪正康先生が講演された時に、われわれは一つのレンガなんだ、と。レンガを一つひとつ積み上げてきて、こういうものができ上がりつつあるとおっしゃったんですね。まさに私たちはその一つひとつの過程であって、創立から二〇〇年たった時にどんなものができているのか。

二〇〇年たった時にもう私は生きていないですね。いま入学してこられる方も七〇代、八〇代、人生一〇〇年時代になりましたから、生きておられると思うけれども、いま本当にここで学んでいる方、これから学んで下さる方が、実はそこへ到達する時の同志社をつくってくれるわけです。ということは、いま私たちは、次に積み上げてくれる方々をどのように育成していくのか。これはものすごい大きな責任を担っているなと感じますね。そしてそれは、同志社という一つの大学の話にとどまらず、人間の生きる社会、私たちの社会そのものにつながる話だと感じています。

第2章 なぜ教養教育が必要なのか

——世界人材を育成する

1986年に開校した京田辺キャンパスのシンボル、
ラーネッド記念図書館。
建物正面にある"Learn to Live and Live to Learn"は、
同志社創立者の一人、D. W. ラーネッド博士の愛誦句である。

かが重要です。

解は一つではない

松岡 入試もそうですが、いろいろな場面で「解を求める」ことが要求されますね。しかし入試と異なり現実の社会では答えはいつも一つではない。答えに至る過程をどう見るかが重要です。

実は、そのプロセスを考える時に、解が無限に存在することがあるかもしれない。「これだけたくさん解がありますよ」と発見できることも大切だと思うのです。私は常々、その人の知識や経験が豊富なことは、多様な解を見出す力につながると考えています。そして、教養教育というのはその力を与える重要な鍵なのだということです。

私は理工学部の教員ですから、信頼性工学を授業の中で教えることがあります。信頼性工学とは、統計的なデータに基づいた設計により信頼性を高める学問です。

たとえば飛行機を設計する時でも、もちろん飛行機は墜ちてはいけませんから、何千、何万マイル飛行可能という設計手法を最初に用います。その時に素材の強度の設定範囲や材料選択など、あらゆるデータを加味してシステムを構築します。このように、多様な要素を取り入れて設計する中で解を出そうとするのですが、実は答えは一〇〇%にはならないのです。

というのは、予想の範囲を超えたどのような追加要素が絡むのか、その時点では完全にはわからないからです。確固たるデータに基づいた設計でも飛行する過程で、たとえばジェット機のエンジンの中に鳥が飛び込んで、中のブレードが全部やられてしまうとか、想定外の事態が起こりうる。工学の範囲内に収まらない要因が存在するわけです。それが発生した時にどのような解決方法を用いるのか、対応できるようにしておくべきなのです。たとえば××という鳥はどういう習性であるといった、工学に限らない、生態学の知見が必要になるかもしれない。エンジニアというのは、こうした予想もしないことにいかに対応できるのかが重要です。私自身がエンジニアの教育をしている中で、よくこのような話をします。

幅広い知識を有するという意味で、教養の力というのは、実は思いもよらない答えを導き出す道しるべになる。とても大切だと思います。

佐藤　本当におっしゃる通りだと思います。ちょっと思い出したのですが、二〇一一年三月一一日、東日本大震災と福島第一原発事故が起こりました。その二日後に、私は神保町の三省堂書店に行って、まず高校の物理IとIIの教科書を買ったんです。原子力についてどれぐらいのところまで教えられているかを知ろうと思ったからです。そうしたら、高校の当時の物理IIは、ほとんど原子力工学なんですね。それから物理のコーナーに行って、原発関係で本を三冊紹介してほしいと頼みました。書店員が売れ筋だというので購入したのが『改訂　原子力安全の論理』(日刊工業新聞社、二〇〇六年)という、東海村の臨界事故の時の原子力安全委員長だった佐藤一男さんが書いた本です。

その中で、いろいろなシビアアクシデントの例で注意しないといけないことがある、ベントが起きる時は炉心溶融している可能性が相当高い、それは他の方法がないからで、ここが一つのシビアアクシデントの見抜き方だとか、福島第一原発事故で起きていたことが全部書いてある。

最後に、原子力に絶対安全はないと、それからいま書いていることが実際に起きた場合には無限の組み合わせになるから、すべて想定外の事態になる、とあるのです。そして、その時に四種類の人が出てくるというんですね。一番目の人は、やるべきことをきちんとやる人。二番目、やるべきことを全くやらないか、部分的にしかやらない人。三番目には、やってはいけないことをやる人。四番目、やってはいけないことをやらない人。一番目と四番目だけだったらいいのですが、ほとんどが二番目と三番目になってくる。その時に重要なのは、結局はオペレーターをどう訓練しているかという、オペレーターの人間力だ、と。なぜならば、コンピューターと比べると、計算能力においては人間は非常に低い。また記憶容量も人間は非常に少ない。しかし、いまのところ、こういった危機に直面した時の判断において、総合力で人間に勝るものはない、人間力でないと対応できないのだ、と言っていて、非常に示唆的な本でした。

いまのお話を聞いて、教養というのは総合力と深く関わっていると感じました。だから福島第一原発事故でも、普段からでも、プラグは合っているかという、いわばあたりまえのこと、電源車はちゃんと手配できるのかという問題に気づくか気づかないかということが重要なんですね。信頼性工学同様に、教養の力が大きく関係すると思います。

産業構造の転換と教養の力

松岡　確かに、思わぬことが起きる可能性をどういうことから予知できるか、ですね。エンジニアに限らずリーダーとなる人間は甲乙つけがたい判断を数多く迫られます。もちろん組織の方向づけは、最後は社長や学長などトップの決断力に委ねられるけれど、リーダーでない、それを支える側の人間も、任された仕事において、当然最善の答えを出していかなければならない。その場合には、一つの面から考察するのでなく、組織が置かれている状況や社会背景なども視野に入れる。より複眼的に考えることで、到達する解が多く現れることもあるし、また決断を支援する材料を提供してくれることもあるでしょう。

これまで大学はとにかく専門性の高い人材を育成しようとしてきました。高度成長時代にはそれで成功したからかもしれませんが、しかし、現在は転換期にさしかかっている。今後次のステップに行く際に、豊かな教養と優れた識見を有した人物の養成を重視するのであれば、大学は教養教育を第一義的に設定して、そこをしっかりと押さえた人物を養成する、そして、社会に出てから専門性を高めていく、という流れになると私は思っています。そして、専門性自体も次々と変化するでしょう。AIが注目され、産業構造の変革が予測される現代だからこそ、知識基盤となる教養教育の位置付けは、非常に大切だと思います。

佐藤　賛成します。そこが文理融合ともつながってきます。具体的な例をあげます。

「安倍晋三首相は一三日午前の参院外交防衛委員会で、北朝鮮の弾道ミサイル技術に関し「サリンを弾頭につけて着弾させる能力をすでに保有している可能性がある」と述べた。

北朝鮮の核・ミサイル技術が向上していると指摘し「新たな段階の脅威であり、朝鮮半島の非核化は日本が絶対に実現させるべき課題の一つだ」と強調した」(二〇一七年四月一三日付、日経新聞)という報道がありました。

菅官房長官も同じ日の記者会見で、「北朝鮮の状況について「化学兵器を生産できる複数の施設を維持し、既に相当量の化学兵器を保有しているとみられている」と説明。「北朝鮮の挑発行為に備え情報収集、警戒監視に当たっている。米国、韓国とも緊密に連携し、必要な情報収集に努める」」(同、毎日新聞)と言っています。

しかし、これは高校の理科のレベルで大きな疑念が呈されるはずです。まず文科系の教育を受けた人であっても、常識として、サリンはオウム真理教がつくることができた程度のものだから、たとえば中東の中堅レベルの独裁国家でもつくれるだろう、という想像力が働かなくてはなりません。ところが、寡聞にしてそれを弾道ミサイルに乗せて撃ち合っているという話は聞いたことがない。なぜなのか。ここに高校の化学と物理の知識が必要になります。

まず、サリンは化学物質であるから、熱変化に対して弱いはずだ。弾道ミサイルは摩擦熱を持つ。最低でも数百度に達する。一〇〇〇度を超えるのが普通である。だから、サリ

ンの毒性を保全する弾頭の技術を開発するのは非常に大変だという前提があります。そう
すると、サリン弾頭が落ちた場合、搭載する時点では大変な猛毒ですが、着弾する時点で
は熱によって無害化されているというのが常識のはずなんですね。

ところが内閣総理大臣とか官房長官がサリン搭載弾頭の危険性を言うと、マスコミ各社
には科学部があるはずなのに、政治部の記者たちはそのまま書いてしまう。そして北朝鮮
のサリンによる脅威が迫っているということがオウム真理教のイメージと一緒になる。そ
れで、「北朝鮮が核ミサイル開発を進めているとされるなか、核シェルターや、放射性物
質などを吸着・除去できるとされる空気清浄機の需要が急増している。大阪府羽曳野市の
「シェルター」では、一九六二年から五五年間で一〇台程度だったスイス製の空気清浄機
が三、四月だけで一〇台売れた。特に、四月一三日に安倍晋三首相が国会答弁で、北朝鮮
がミサイル弾頭にサリンを装着する能力を保有している可能性に言及した後、「すぐに取
り付けて」という依頼が相次いだという」(二〇一七年五月一三日付、朝日新聞)ということが
起きました。怖がらないといけないものを怖がらないといけないと同時に、科学的な根拠
が希薄なものを怖がってはいけないのです。

私は、同志社の教育には総合知の基礎があると思っています。論壇では、サリンをミサ

五〇

イルにつけるという話はおかしいじゃないか、と指摘したのは、おそらく私が初めてだったと思います。そうしたらその後、特に反論がないと同時に、政府は言わなくなりました。

受験産業が生んだ「理系」「文系」

松岡　大体私は「文系」と「理系」という表現方法がよくないのではないかと思っていまして、そういう立場をもう少し明確にしていかなければいけないのですが、そもそも「理系」「文系」というのは、受験産業の中で生まれた枠組みなのです。

佐藤　そのとおりです。おかしな枠組みです。橋爪大三郎さんの説のまた聞きですが、「理系は実験設備に金がかかるので、明治時代の日本は、学生数をしぼらざるをえなかった。そこで数学の試験をし、文系／理系をふり分けることにした」というのです。要するに実験施設を整備する金がないので、実験を進める連中を「理系」と名付け、それ以外を「文系」と名付けた。きわめて制約された予算の下で、無理をして近代化をする中で生まれて来た、非常に日本特有の概念だ、というわけです。

松岡　先ほども出ましたが、新島襄はアーモスト大学で理系の勉強もしてきたんですよ。

佐藤　バチェラー・オブ・サイエンス(理学士)ですからね。

松岡　そして、アメリカから日本に戻り同志社大学の前身である同志社英学校を設立した。英学校といっても西洋の学問を英語で学ぶというもので、そもそも「文／理」の隔てなどなかったのでしょう。英学校設立後、新島が他界した同年の一八九〇年に、ハリス理化学校が開校されています。これがわれわれの理系の出発点です。新島は実は文理の双方をしっかりと残してくれたのです。

そうした起源を考えると、同志社教育は文理融合教育が根幹であるのだとあらためて感じています。本学では文／理を隔てず組み合わせる教育が非常に大切ですし、またこれからの社会にとっても必要でしょう。文理融合の観点から、同志社ではサイエンス・コミュニケーターという人物養成を行なっていますが、これはまさに教養力の涵養なのです。文系の方が理系のことを知る、逆もまた、という軸に立っています。そうした教養教育を重点的に行うことで、社会に対して大きく貢献しうる人物を輩出することができると感じています。

「大学での時間」をどう設定するか

松岡　いま大学は四年という課程で学習させていますが、たとえば大学院進学を組み込むならば、最初の三年間はしっかりと教養教育を行う。そして後半の三年で専門的な学術研究を行うというカリキュラムも可能です。あるいは大学院を出て就職するということなら、後半の三年で社会との接点をしっかり持たせるような教育でもいい。そういう教育体制、枠組みをつくることができれば、新たな形での人物養成もできるのではないか。もちろんこれはまだまだ模索しなければなりませんが。

佐藤　本当に、おっしゃる通りだと思います。

松岡　そして、実はこの教育体制の整備について、国立大学は苦労するかもしれません。私立大学だからこその強みだと私は思うんです。その理由は、国立はやはり四年の学士課程、二年の修士課程という枠組みを前提としなければならない。それに対し、われわれは私立の長所を生かして、六年間という枠組みを初めから大学が作っておき、入学時点であなたは六年まで行きますか？　という選択肢を明確に出してしまってもいいのではないか。

佐藤　私立の中高一貫校と同じ発想ですね。

松岡　イメージはそうです。実は既に理系ではそういう傾向が強くなっています。

佐藤　確かに理系ではだいぶ前から、研究職を目指すならば修士に進むのがあたりまえになっていますね。

松岡　そうなんです。だから、なぜ四年生から修士一年への進学時にわざわざ課程を切るのか。研究はずっと継続しているんですよね。そういう意味では研究だけで縛りをつけるのではなくて、教育という枠組みの中でも六年という時間設定をしっかり打ち立てたほうが、確かな人物養成が可能となり、社会の中で確実に評価されるはずです。

そしてこの教育体制は、どこの大学でもできるわけではないんですね。同志社大学だからこそできると私は確信しています。それに応え得る人物が入学されていますから。だから、科目によっては入学時に多少の学力欠損があっても大学入学後に十分取り戻せるし、伸ばせる知力があるのです。

学力欠損を生じさせるシステム

佐藤　私は東大で教えた経験からはっきり言えるのですが、いまの教育システムだと東大生を含めて学力欠損があります。いまの学習指導要領では中学での学習内容がスカスカなので、大学に入るまでに高校でその分も詰め込むことは不可能なのです。

だから東大の理Ⅲで何が起きているかというと、例年、生物での受験者がほとんどいない。ほぼ全員物理化学受験です。理Ⅲの合格点からして、そうしないと合格しないですから。医者になる人が生物の勉強をしないで大学に入っているのです。だから東大で高校の生物の授業をやるということが起きてくるわけです。

私は一九八六年にイギリスに行った時に非常に衝撃を受けたことがあります。外務省の研修生として、私はロシア語で陸軍語学学校に行ったのですが、他の同期はオックスフォード、ケンブリッジに行った。何学部に行くのかといったら、学部がない。カレッジに所属して、メインで理科系のコースを二つ取って文科系を一つとるか、逆にメインで文科系を二つ取って理科系を一つ取るか。それぞれのカレッジでどちらかを選ぶ。文理が本当に融合しているのです。

そして、まず教授とは半年に一回しか会えない。それでチューターが来る。日本人だと日本人のチューターをつけられるリスクがあるのですが。それで、大体一科目、週に五〇〇ページ読んで来い、と言われ、そのチェックをするという体制で、相当絞られていると言っていました。理科系科目も取らないといけないから科学書を読まなくてはならない。比較的数学計算が要らない生物をとっていたようですが、もう少し数学をしっかりやっていればよかったとみんな言っていましたね。

松岡　確かに、われわれが学んだ時代の教養教育の視点から少し変化してきている。今の時代だからこそ、私は教養教育のウエートをより一層増すべきではないかと考えています。人間力であるとか、同志社が重視している徳育により、「良心」をもった気品ある人物を養成できる。

『逃げ恥』が示したもの

佐藤　大学院を含めて六年制で考えるということが、文科系でも非常に重要なんですよ。というのは、旧・文部省の方針で大学院定員を増やしましたね。だから、いつの間にか大学の教師が大学院教授と言いたがるようになりました。そのために、同志社クラスの大学でも起きているのですが、大学段階で同志社に入れなかった人たちが大学院で入ってくるのです。

先生、二〇一六年のＴＢＳのテレビドラマ『逃げるは恥だが役に立つ』をご存じですか？

松岡　詳しくは存じませんね。

佐藤　この『逃げ恥』の主人公は女の子で、大学では就活が全然だめだったのでとりあえず大学院に上がって心理学を専攻する。臨床心理士の資格をとったのですが、また就活でだめ。それで派遣社員になったけれど派遣切りにあう。それで、父親のつてで家事手伝いのアルバイトに行くのですが、これが三五歳の京大卒のシステムエンジニアで「プロの独身」と称している男のところなんですね。そしてひと月の給料が一九万四〇〇〇円の契約結婚をするというラブコメディです。

私は講義で、最初の一五分だけｉＰａｄでこのドラマを見せて、学生たちに議論をさせてみました。なんで彼女はこういう状態になったか、と。そうしたら、同志社の神学部の学生たちは優秀で、「やりたい学問がなかった」からと答えました。それで臨床心理士という難しい資格を取ればとりあえず何とかなるはずだと思ったけれど、実は全然就職には関係ない。あと、派遣先に行って大学院卒だということをひけらかした、だから面倒くさいから先に切られたとか、みんなで議論して、大学時代にどういう勉強をすればいいのかよく考えよう、そうじゃないと『逃げ恥』の世界は近いぞ、と言いました。「一九万四〇〇〇円、この数字をよく覚えておけ。これは積算根拠があるからね」と。家事労働で人を雇うとどれぐらいかかるのか、そして、そこから男と一緒に住んでかかった家賃、食費、水光熱費を引くと可処分所得は九万一五〇〇円になるという積算根拠がしっかりしていると思います。

そんなふうに、目的を持たないで大学院に行くとどういうことになるか。逆に言えば、きちんとしたところで、大学院教育を終えて教養を身につけた人間を企業や官庁に出していくという明確な戦略が必要なのです。いま起きているのは、大学院に行ったために一部では明らかに学力が低下する院生が出ているという事態です。

でもそれは学生たちが悪いんじゃなくて、一、二年生の段階できちんと引き締まった教育をやっていないからです。だから、入口のところで組立さえきちんとしておけば、学生たちは相当しっかりしてくるんですよ。

イノベーションを起こせる適正な規模とは

松岡　なるほどね。先ほど六年制での一貫教育を設定することは、私立に比べ国立では少し難しいと申しましたが、もちろん国立でまったく不可能という意味ではありません。また一方、私立大学でも歴史や規模など環境が異なります。サイズが大きすぎて動かないことや、意思決定が届きにくいケースもあれば、一方で執行部が一つの方向性を示し決断すれば、全学あげて徹底的に実行することができるところもあるでしょう。

その中で、私が同志社大学でこのようなイノベーションを実現可能なのだと言える理由の一つは、創立以来ずっと、リベラルアーツ教育を重要視してきた大学だということです。もちろんそれは、校祖新島襄が全米屈指のリベラルアーツ・カレッジである、アーモスト大学で学んだものを出発点に本学を創立したからなんですが。

さらには、前にも申し上げたように京都にあるということは重要です。首都圏から離れた京都にある同志社が新たな一歩を踏み出すことは、われわれ自身にとどまらず、大学教育全体のイノベーションに寄与する可能性があります。そのような点を意識しながら、この事業にチャレンジしていくことがきわめて重要で、この考えが多くの大学に広まればいいなと感じています。

佐藤　同志社はアメリカの大学システムをもともとよく知っていて、それが根っこにあるから、急速に新自由主義化していってランキングが付くような、現在のアメリカの基準はアメリカの教育の歴史の中で異常だということもわかるんですね。

たとえば、文科系中心の大学受験競争の中で一見成功していて、偏差値はある程度高くなっている大学でも、いまや英語ができるというだけだったらまったく売りになりません。だから、「教養」を売り出しているけれど、内実は教授陣の配置も含めてボロボロというところもあります。そうやって外の学校を見ていると、同志社はなかなかよくできていると思います。

そして、東大は官僚と学者になるためにはいい大学です。それは官僚の試験問題を出題する人がほとんど東大の教授であるということが大きな要因です。大学教員は独自の生態系を持っていて、そこの中で再生産していきますから、東大をヒエラルキーの頂点としたネットワークに加わることが就職のためには効率的です。

しかし、教育水準、研究水準として本当に高いのかというと、私は文科系については疑っています。どうしてかというと、東大教授になることが人生の目標だという、東大に就職した瞬間から勉強しなくなる教員を少なからず見ているからです。

同志社を含めどの大学でも、その大学出身のプロパーにはこういう問題が生じることがあります。駒場(東大教養学部)が、なんで施設が悪いのにあれだけ知的な活動が活発なのかと言ったら、東大出身以外の学者が多いからです。私も駒場で教えていましたが、本郷なんか東大卒じゃない外務省の職員なんて入れないですよ。でも駒場の後期教養課程では、いろいろな人が教えに来ています。

同志社は、実は教育のファンダメンタルズというのは非常にいいのです。松岡学長の言われたように、もともと新島先生からのリベラルアーツの伝統があることと、京都で少しぼんやりしていますからね、東京で文科省が「この方針でいけ」と追い立てることに対して、どうしても物理的距離があるので、あまり機敏に反応しない。スーパーグローバル化などは、いわば「後発の利」が生じているんですね。だめなことに血道をあげないで済んだところがあると思います。

九〇年代の大学改革

松岡　ご存じのように、戦後、一九九〇年頃まで、日本の大学は学部の前半課程の一、二年で、人文・社会・自然科学などの一般教育科目を必須科目としていました。それが一九九一年に大学設置基準の大綱化により、一般教育と専門教育の区分、一般教育内の科目区分(人文・社会・自然、外国語、保健体育)が廃止され、各学部で教育課程を自由に決定できるようになった。

私は二〇〇六年から工学部の学部長を務めました。その二年後の二〇〇八年に工学部を理工学部に改組したのですが、新・理工学部でどのような科目を設置するのがふさわしいかについて時間をかけて議論をしました。

同志社では、全学生が履修できる「全学共通教養教育科目」、一般的に「全教科目」と呼ばれていますが、その中に同志社科目という科目群を設置しています。しかし既存の多くの学部は、この科目群を必修としていなかった。教養科目と同じイメージだから履修しづらい、という理由などが挙げられていたようです。ただ神学部は必修科目としていましたね。そのような中、私は理工学部への改組に当たって、機械や電気、化学など全ての学科において一科目は必修にする、と決定しました。

大綱化以降、教養科目の扱いを各学部に委ねた段階で、専門性を高める方向に舵を切った。もちろんこれは同志社に限らず多くの大学でもそうだったと思います。しかし学部再編という転機に、同志社のことを学ぶ科目の重要性を改めて認識すべきである、このように私は考えたのです。

私も学生時代に宗教学という必須科目を学び、大いに刺激を受けましたね。後輩の学生にもぜひ同じように履修してほしいと思いました。同志社科目には「建学の精神とキリスト教」などさまざまな科目があって、これだけ建学の理念を学ぶことができる大学はそうそうないだろうと、自負しています。

佐藤　クラスの数は、四〇～五〇はありますね。一般教養的なもの、宗教学的なもの、そして「同志社の歴史」とか、同志社の自校教育とリンクしたような科目もあります。日本の近代化とキリスト教に関わる内容などは、同志社だから成立するという側面は強いと思う。

そして、この独自科目にかなり真面目に取り組んでいますね。気をつけないと、『文学部唯野教授』(筒井康隆著、岩波書店、一九九〇年、後に岩波現代文庫、二〇〇〇年)に出てくるような、学内で有力な業績を持った事務の幹部に教授資格を得させるために「職業と人生」とかいう独自科目をでっちあげることにも使われかねない。その点、同志社はきちんとやっている。それが非常にいいところですね。

必修科目で特色ある教育を

松岡 「同志社科目」は科目充実のために多くの教員に担当をお願いしてますから、科目群としては相当充実していると思います。

また先ほど述べた「全教科目」には従来からある人文・社会・自然科学系に加え、複合領域系やキャリア形成支援などさまざまな科目があります。その中で同志社科目は重要な一科目群として入っています。同志社での教育の特色をしっかりとつくり上げようという考えに基づいた科目で、非常に大切です。徳育の視点も含めて、私は社会に出た時には、この科目で学んだことが重要な意味を持つだろうと確信しています。

理工学部長として、このような背景を持つ同志社科目を必修にすると決めたわけですが、学科の責任者である各主任の先生方は何ら異論なく受け入れてくれました。理系であろうと文系であろうと、同志社教育の重要性を全員が理解しておられるのです。ですから教学の責任者がそのような方向に進めようと決断していくことには価値があると思います。

佐藤　トップの意志は重要です。

松岡　学生たちはその時は「何か同志社の歴史のようなものを聞いていたよな」というくらいの印象かもしれません。しかし振り返ってみると、知識と共に心に残っているものが必ずあると思います。二〇〇八年からの教育課程ですから、まだ一〇年という時期ですが、あと一〇年、二〇年と蓄積されていくと、同志社大学理工学部としての卒業生の質がまた変わっていくはずです。教養の持っている意味というのは、そういうところからも大切だと思います。

学閥ではなく、ネットワークを作る

佐藤　本当にその通りだと思います。どういうルーツの大学なのかということをきちんと勉強させているから、社会に出てから悪い学閥ができない。

同志社の面白いところは、いわゆる学閥ができにくいんですね。学閥というのは、どの会社や官庁でも劣位集団がつくるものです。そういうことをしないで、むしろ組織の外で、校友会とか、大学のネットワークを大切にするという傾向がある。

昔のことを思い出したのですが、先生、こんなことがあったんですよ。私は大学の三回生の時にロシア語を履修したくなったのですが、神学部からは取れないんです。特に、当時、札幌大学からすごく有名な先生が同志社に来る、と聞いて、その先生の講義を取りたいと思ったのです。渡辺雅司さんという、その後東京外国語大学の先生になった人です。しかたないから授業にもぐりこむかという話を、弁当を食べている時だったか、指導教授の緒方純雄先生にしたら、「ちょっと預からせてくれ」と言って、教授会で出してくれて、ロシア語を取れるようにしてくれました。

それで渡辺先生と話した時、彼は法学部の所属になっていたのですが、非常に喜んでいましたね。というのは、国立大学で教養部があるところでは、教養部というのは基本的に旧制高校の教師であって大学の教師とは違う、という位置付けになっている。身分制度ではないですが、そこに澱がたまっているのだという。同志社は基本的に縦割りの構造であることと、第二語学センターという横の組織の両方をつくっていることによって、外の人間にとって非常に教えやすい、というわけです。その後同志社は改組して、語学センターにいた先生たちが学部を立ち上げていき、入学偏差値も高い学部になってきました。他大学の老舗文学部からすると、一体何が起きているのかと思っているでしょうね(笑)。

だから、国立は国立の人の育て方があるし、私立は私立の人の育て方がある。そこで今後特色をますます出さないといけないと思う。

同志社はいま、「ビジョン2025」という方針を出していますが、日本の中のスーパーグローバル化とかをあんまり見ていない感じがしますね。それよりも、むしろオックスフォードやケンブリッジとか、あるいは精華大学、ハーバード大学やイェール大学といった外の一流大学を見ているやり方ですね。それは、同志社がアメリカをよく知っている学校だから、逆に現在のアメリカモデルに極端にシフトしていかないというところがあるように思います。

EUキャンパスの狙い

松岡　グローバル化への方針は、実はこの教養科目とも強くつながっているのです。二

○一六年から、グローバル化する世界に対応できる人物養成を目指して、グローバル・リベラルアーツ副専攻という科目群を開設したのですが、それは結局、教養系科目の中に確実にグローバル化を浸透させることを目的としています。同志社人のグローバルな活動により、日本にとどまらず世界でもDOSHISHAを知ってもらう、それを目指しています。ですので「ビジョン２０２５」では、ドイツのテュービンゲン大学内に同志社ＥＵキャンパスをつくるということを謳っています。

佐藤　それは非常にいいですね。ドイツ語は国連公用語ではないから、ドイツ人は英語をちゃんと勉強します。英語で仕事ができるんです。

松岡　そうそう。海外キャンパスに学生、教員、職員をもちろん送り込んでいきますし、また向こうからも京都に来てもらう。拠点としてまずドイツにキャンパスを設置しますが、接点をヨーロッパという枠組みの中に広げて、ドイツにとどまらず、フランス、イタリアとより一層翼を広げていく。アメリカにはアーモスト大学もありますから、そちらとの連携もできる。

アジアの拠点は同志社ですから、京都でいい。ということは、ヨーロッパ、そしてアメリカ、アジア、もう一つはオセアニアもありますが、そこはまだ手をつけていませんが、次に考えなければいけません。とにかくまずはEUキャンパスを成功例としたいですね。ユーラシア大陸全体を見た時にも、まさに中国の一帯一路、そして中国の留学計画、ヨーロッパのエラスムス構想も含めて、ここにキャンパスを展開していくことは非常に価値ある事業です。そのためには、同志社がどういうグローバル化に取り組んでいるのか、どのような人物を輩出しているのかについて、ここからどんどんアピールしていきたい。

佐藤　いまおっしゃった話は非常に重要で、ヨーロッパで起きていることは日本にいて皮膚感覚ではわからないんですよ。だから逆に私などは商売のネタがあるのですが(笑)。たとえば二〇四〇年にフランスとイギリスがガソリン車の販売を禁止しますね。二〇一七年九月一五日にカルロス・ゴーンさんがパリで、日産とルノーと三菱自動車は二〇二二年に想定する販売台数一四〇〇万台のうち電気自動車(EV)などの電動車両の占める割合を約三割まで高めるという記者会見をやりました。

この決定の持つ意味は何か。「イスラム国」対策です。「イスラム国」のようなテロ組織の根をどうして断ち切ることができないのかというと、それは先進資本主義国が石油に依存しているからです。石油を使う内燃機関があるからです。だから、ヨーロッパは内燃機関を終焉させることによって流れを変えようとしているのです。自動車の歴史を見れば、電気自動車とガソリン車と蒸気自動車は同発ですが、その中でさまざまな問題でガソリン車が伸びて来た。内燃機関の時代を終わりにするということは、ＡＩ化、自動運転、モーターとも結びつけたほうが絶対にいい。

そうなると、ロシアへの依存も減るし、アメリカのシェールオイルにも依存しない。つまり、いまヨーロッパ独自で動く産業をつくろうとしているのです。日本の場合は深刻ですよね。要するに機械の部品で匠の技みたいなものの需要が減ってきますから。ガソリン車の部品点数は全部で約一〇万点、そのうちエンジンを構成する部品は一万～三万点。ハイブリッド車はさらに一割増しだそうです。一方、電気自動車に搭載するモーターの部品点数は三〇～四〇点、インバーターの部品点数を加えても約一〇〇点ほどです。

ＥＶなど電動車両の販売台数を二〇二二年に全体の三割にするというこの流れに、中国も加わるに決まっています。自国で石油がとれないから。インドもそうです。この十数億の人たちがいる大きなボリュームゾーンで、脱内燃機関という時代に入っていくわけです。同じ機械を、電気をやるにしても、車をいじっているにしても、日本でなのか、アメリカでか、あるいはヨーロッパで車をいじっているのかで、基本哲学が違ってくる。

その背景にはテロの脅威に対するヨーロッパ人の意識の違いがわからないといけないの

で、こういう視点はヨーロッパにしっかりした拠点があって、そこからきちんと情報を京都に入れることができないと、なかなかわからないんですね。

世界の趨勢とキャリアパス

佐藤　同志社の理工学部機械系学科の学生で自動車業界に進んだ人は、これまでもたくさんいるでしょう。しかし、もしこの流れで電気自動車化が世界の趨勢になって、ハイブリッド車がガラパゴス化してしまうことがはっきりしているのならば、もうエコカーとしてハイブリッド車は認めないのならば、同志社の教育のあり方においても配慮しないといけない。大学から出したとたんに仕事がなくなるというような世界に学生を送るわけにはいかないのですから。

ただ逆に、そこの見極めで、日本は相当の長期にわたってハイブリッド車で生き残っていくのだ、日本国内のマーケットはこれだけあるし、アメリカや石油が出るところのマーケットに売っていくことで生き残るのだという選択をするならば、それは一つの可能性でしょう。しかし、この総合的な見極めというのは実は政府にはできていないのです。だから、本当はゴーンさんの発言は日本の経済産業省に大衝撃が走ってしかるべき話だと思うのですが、ぼんやりしていますね。でも、これで困るのは、いまの理工学部の学生たちです。

松岡　そうなんです。こうした世界の産業界の趨勢についても、しっかりと教育の中に反映させていかないといけない。キャリアパスにもつながる話です。

グローバル化と教養教育はつながっている

松岡　EUキャンパス構想では、キャリアパスを非常に重要視しています。グローバル企業に勤め、海外で働きたいという学生が、実は少ないんですよ。外資系企業に入社したので必然の流れで、とかそうではなく、「私はグローバルに活躍したい」と思う学生がもっと多く現れてもいいんじゃないか。そういう人物を同志社が養成する。EUキャンパスに一年間でも行って、ヨーロッパの研究者、教育者に接し、また学生たちと交流する。あるいは向こうからの留学生と交流することで、日本だけで生活したのとは、まったく異なった新たな視野が広がるでしょう。

EUキャンパス構想は、まだまだスタートしたばかりで、仮事務所として二〇一七年四月から動かしています。二〇二〇年には、テュービンゲン大学内に四室提供いただくことになっていて、そこで展開できる教育研究プログラムをいま考えています。専任の教員も配置できればと考えています。

佐藤　専任を送っておかないと、京都との結びつきが薄れて、「関東軍」になるとか、同志社本体とは全く別の発展を遂げるかとかいう可能性があるので、京都からグリップして人事異動のルーティーンに入れておいたほうがいいと思いますね。それから、その道一〇年とか二〇年という人をあえてつくらないで、ルーティーンでやらないと、目が届きにくいですからEUキャンパスが「梁山泊」とか「関東軍」化するリスクもあります。

そして、今は遠隔講義システムがありますから、たとえば京都にいる教授がドイツに出張して講義の何回かをサテライトでやって京都の学生に受けさせるとか、意図的にサテライトをかませるようにしてみると、また可能性が広がると思います。

松岡　あらゆる可能性が広がりますね。時差は約八時間ですから、夕方の講義であれば十分。そういう新しい取り組み、それこそ日本の教養教育が世界の教育市場でどう位置付けられるのかという点からも、私は、グローバルと教養教育は密接につながってきていると思います。そういう視点で方針、プログラムを組んでいるのです。

教養と歴史認識

佐藤　メディアにしても、基本的な教養と歴史認識がないといま起きている問題が理解できないのです。例えば、アリストテレスのトポス論です。場所には特別な意味がある、と。来日したトランプ大統領はなぜ横田基地に降りたのか？　日本の新聞を読んでもわからないんですね。

これは、朝鮮国連軍の後方司令部が横田にあり、日本は朝鮮国連軍地位協定を結んでいますから、北朝鮮に対して日米一緒にやろうぜというメッセージなのです。だから、北朝鮮を睨んで、異例な形で羽田ではなく横田に降りてくるということをやったわけです。こういうことを読みとれないというのは、やはり記者たちのリテラシーに問題がある。そういうリテラシーを磨くにも、ヨーロッパにサテライトをつくって送り込むことはたいへんいいですね。基礎教養、特に哲学的教養を身につけることができる。

既にいま、ちゃんと単位が取れる形で、ヨーク大学での四週間の英語の講座があるでしょう。神学部の学生が行ってきたのですが、英語力がかなりつくと同時に、カルチャーショックを受けて帰って来ました。

松岡　やはり若い時に受ける刺激というのは、ものすごく大きいですね。

佐藤　ホームステイ先が事実婚しているトラックの運転手の家庭で、アカデミックな雰囲気からは遠かったが、いい人たちだった、と。ヨーロッパのボリュームゾーンの方の家庭を見ておくことは、その国の社会を知るという点でたいへん意味がありますから。

また、四〜五週間ぐらいの短期の留学で一回様子を見て、それから本格的に留学するかどうかを決めるというのも重要だと思います。

松岡　本学のグローバル・コミュニケーション学部は、英語コースと中国語コース、そして日本語コースがあって、英語と中国語は一年間スタディー・アブロード・プログラムとして留学を必須としています。留学は帰国後の学びに大きな刺激を与えてくれているようですね。

学部の垣根を取り払う「学びの新展開」

松岡　「ビジョン2025」の中でも謳っているのですが、私が目指している重要な施策の一つが、「学びのかたちの新展開」といって、リーダー養成プログラムです。これはいま、どういう段階をとりながら進めるか模索中ですが、学部一回生から三回生の間に履修させ、そこに認定証を出す。もちろん所属している自分たちの学部で履修する単位はそのままで、その枠外で例えば八単位程度とってもらう。いわば教職科目のようなイメージですね。教職科目をとるのは、かなり大変ですからね。先ほどの同志社科目では一科目履修するようにするとか、プログラムの組み方はいくらでもできるでしょう。

佐藤　同志社にいる時に、どれだけ複合アイデンティティをつくれるかということだと思うんです。たとえばサークルへのアイデンティティ、山岳部だったら山岳部へのアイデンティティがある。そして理工学部の何学科というアイデンティティ。そういうアイデンティティとは別にもう一つ、たとえばサイエンス・コミュニケーターを一緒にとったという、いくつかの切り口でのネットワークとアイデンティティを持たせておくことが複線思考につながります。一つのことしかやっていないと一面的な視座になって、ものが立体的に見えてこない。

松岡　それも基本的な教養の一つですよね。いくつでも学びたいものを伸ばす。自分がどういう選択をするかはとても大切だと思います。教養教育でいろいろなものに触れさせて、自分がやりたいもの、そして合っているのがここだと発見していく。

佐藤　そしてそれを大学が認定して、副専攻のような形で、学位ではないけれど、履修証明などを出せるようにしたらいいですね。松岡学長の時代の特色を生かしたカリキュラムを作っていくのなら、副専攻なり履修証明で、一つの群として出すようにしたら面白いですね。

松岡　私も、認定は必要だと思います。いまは副専攻でもグローバル・リベラルアーツ副専攻では、履修証明を出せるようにしています。また他にも外国語オナーズという外国語科目の成績優秀者の表彰制度を設けたりしています。

今後新たに導入される魅力的な教育プログラムに対しても、履修証明を出すなどいろいろな形を検討していくのが良いでしょうね。それを一年から三年までのプログラムの中に組み込んでいく。

そこには理工学部の学生も、文学部の学生も、また経済学部の学生も来ている、という形です。私は学部の垣根を取り払え、と言っているのです。もちろん、たとえば経済学部なら、自分たちの専攻である経済を学ばせなければいけないですから、当然それは教育します。けれど、それと違うものを学ぶ機会があってもいいのではないか。同志社科目などを置いてきた意味は、そこにあると思うんです。

そのスタートになるのが、学内公募型の教育プログラムである「ALL DOSHISHA 教育推進プログラム」です。各学部、研究科が持っておられる素晴らしい教育プログラムや、新たな挑戦を大学が支援するので、ぜひ応募してくださいと募りました。二〇一八年四月から始動しています。複数年に亘る予算もつけて、学内の教育改革を支援します。先ほど出たその人の複合アイデンティティを証明するような認定の形を、ALL DOSHISHA教育推進プログラムで展開していきたいのです。最終的な目標がリーダー養成、ここでいうリーダーとは、社会の中で活躍できる人間という意味です。

そもそも自身の専攻に加え、他の学問を学ぶということは学生にとっては大変でしょうが、それでもより多くのことを学びたい、という学生は必ず出てくると思います。段階を追ってですが、全学的にそういう熱意ある学生を増やし、伸びる人をより一層伸ばしていきたい。

佐藤　そしてそれをやる熱意のある教員と職員が必要ですね。

松岡　そうそう(笑)。もう一つの改革は、教員、職員の意識改革です。内から改革させていく。だから大変だろうけれど、しかし学生の成長のためなら一緒に頑張りましょうと。そのような熱意溢れた教員たちがこのような教育改革に挑んでくれたらいいですね。

佐藤　あと、学生を教えていて、学生と関わることは面白いと感じないとね。学生が伸びてきて自分が追い抜かれるんじゃないかと警戒していてはだめですからね。

第3章

大学で作る「総合知」

――大学の意味を問い直す

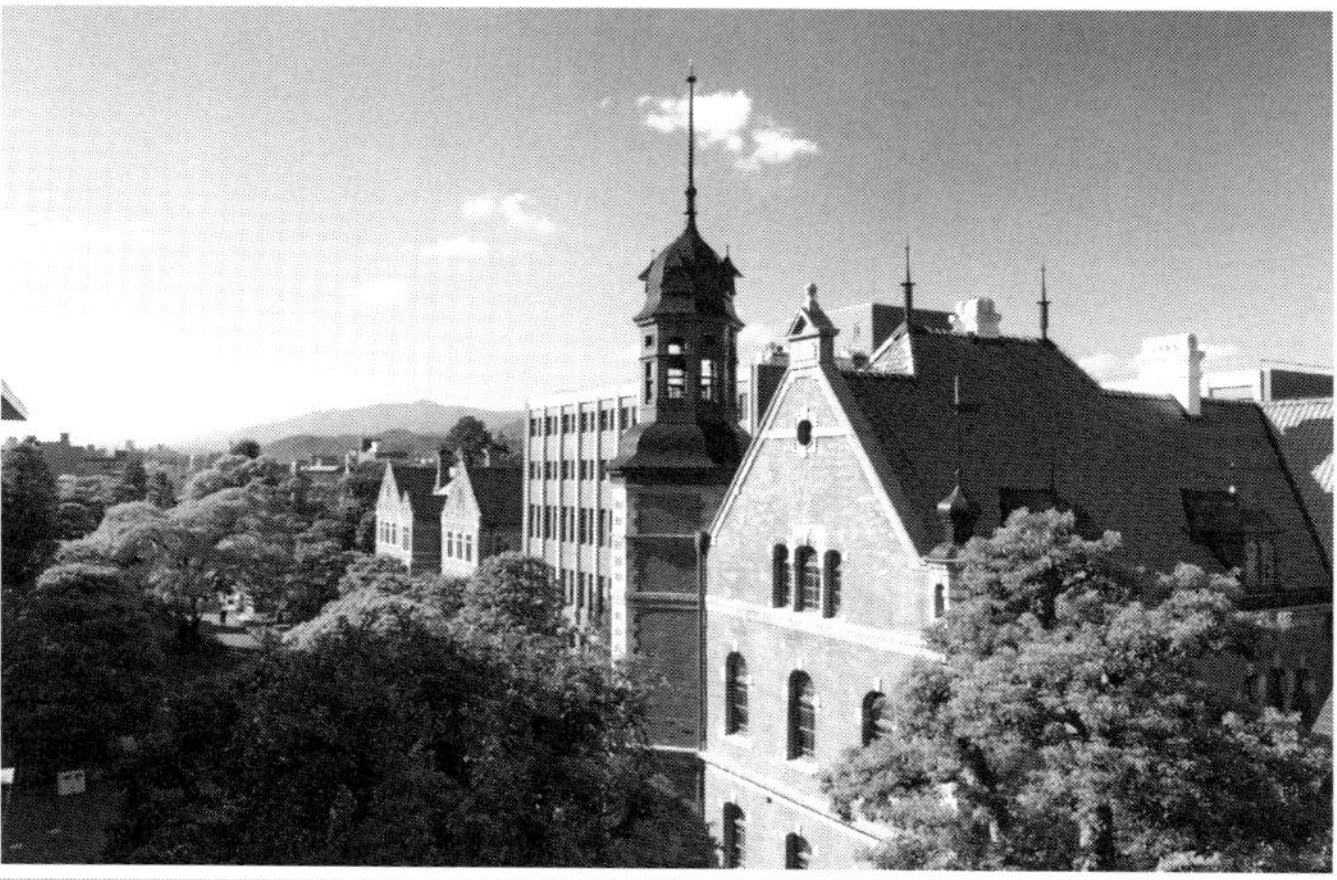

今出川キャンパス、神学館からクラーク記念館を望む。
1893年竣工のクラーク記念館は、
尖塔をもつドイツ・ネオ・ゴシックを基調とする瀟洒な建物で、
全同志社人にとってシンボル的な存在である。

一八歳人口が一〇〇万を切るとき

佐藤　第1章で、二〇三〇年、一八歳人口が一〇〇万を切るというお話がありました。でも、一〇〇万近くもいるとも言えるわけです。チェコとかベルギーとかスウェーデンといった小国で、高等教育がちゃんと成り立っているのですから。それはパイから考えたら、日本と較べれば小さいところで成り立っている。

教育において果たす大学の役割については中世から見たほうがいいと思う。中世において揺れがあるのです。知的なセンターが大学の時期もあれば、修道院の時期もある。近代以降においては、知のセンターが科学アカデミーの時期——特に理科系は神学の軛から脱したいから科学アカデミーの力が非常にあった時期と、大学の時期というのが揺れる。

いまは、私が名付けているところの「一九七九年モデル」で、零戦一一型、二一型、二二型から六四型まで微調整をしていくという中で、知のセンターが受験産業に流れてしまった。それは、一つは大学受験の予備校ですが、もう一つは大学の専門教育に関わる公務員試験の受験や司法試験の受験まで、専門学校とダブルスクールになって受験産業に流れてしまいました。

ところが、そこでつけている知識がどういうものか。たとえば、実務教育出版から出ている経済学のミクロ経済の問題集にありますが、数学が弱い人でも冪数《べきすう》を前に持って来て、冪数から一つ引けばいい、と教える。無線工学を知らなくても携帯電話が使える。携帯電話のマニュアルと同じく、試験問題、数学問題に対応するのだ、と説明があります。だから微分法が全然わからなくても、微分法というのは冪数を一つ減らして、さらに冪数を変数の前におろして掛け算をやればいい、と。

これでとりあえず国家公務員一般職、地方公務員上級職の採用試験レベルだったら対応できますよ。しかし、極限とか変化ということがわからないで微分計算ができる人が社会人になって来ても、実務を始めたら困るわけですよ。こうした就職用の受験参考書を見ると、いまの知の偏在が見えてきますし、これでは勉強が役に立たないとみんな思うわけだな、と理解できる。

外務省で私は教育係(研修指導官)をやったのでわかるのですが、外交官試験用の予備校で三年以上勉強してから外務省に合格した人は、役所に入ってから伸びないのです。受験対策にエネルギーを過度に集中したために余裕がなくなっているんですね。これからの大学での教育は、こうした技法的知ではないところで展開されるべきだと思います。外務省にいた時、私は決して仕事の成績が悪いほうではなかったと思いますが、それはやはり大学時代に受けていた教養教育がよかったから。それで非常に応用力がきいたからです。

松岡　教養が土台となりそれが応用へつながる、先にお話しした一つの解ではない、というのはたとえば数学で言えば、ある式を見てそれはこうなるぞ、ということを頭の中で瞬時にグラフ化することができる。映像化できるようになるのは、その人の知識や経験が、複雑に組み合わさって現れるものだと思うんです。だから教養というのは、よく「土壌」という言い方をされていますが、解を生み出すための、統合データベースになっていないといけない。

大学時代に思考の鋳型ができていく

佐藤　意外なところでは政治家の思考を読み解くとき、その人の思考の鋳型が重要になるのです。各国の情報機関は、たとえばプーチンが大統領になったら、プーチンは修士と博士を取っていますから、まず彼の学位論文を探すんです。その中に彼の思考の鋳型があるんですね。安倍総理みたいに学位論文がないと、日本のデータがなくて各国は大変でしょうが、二〇〇九年に民主党に政権交代したときは、各国の情報機関が鳩山由紀夫さんの博士論文と紀要論文を集める。むしろ政治家になる前のほうが重要です。

鳩山さんについては、カテゴリー違いのことでものごとを判断してしまうと大変なことになるという例ですが、あの人は同志社の客員教授をやっていたでしょう。あの時に紀要にマルコフ連鎖確率についての面白い論文を書いているんですよ。彼がどうして政治家になったかということと合わせて話しますと、アメリカに留学している時に、一時帰国してきたら父親の鳩山威一郎さんに言われた。「おまえは数学なんてやっているけれど、そんなものは何の役にも立たない。大蔵省の主査として青函トンネルの予算は自分がつけた。あんなものは合理性から考えれば単線でいいんだ。ところが複線になった。いろいろな利害関係があるんだ」と。

そのような、利害に左右される政治を彼は直したいと思って、目的関数をきちんとつくって、そこに制約条件を付けた。「鳩山さんは決断の専門家ですよ」と私がいろいろな講演で言ったのは、彼は意思決定論で博士号を取っているからです。息子さんもモスクワ国立大学で交通渋滞解消の研究をやっています。お父さんと息子さんは専門が同じ、マルコ

同志社大学卒業アルバムより、
佐藤優氏。

フ連鎖確率なのです。これは、ロシア人の数学者アンドレイ・マルコフがプーシキンの『エフゲニー・オネーギン』という詩を読んでいる時に、韻の踏み方が直前の単語にしか影響を受けていないところから思いついてつくった確率理論で、直近に起きたことだけが影響がある、という考えです。

　鳩山さんが同志社の紀要に書いているのは、「一番良いパートナーを見つけるにはどうすればいいか」。ただし、一度断ったらその人は再び選べない。そこで計算して、三六八番目だったかな、その女性と比べて少しでもいい人を見つければ、それが確率的には最もいいパートナーだと。だから直近のこと以外は一切考慮しないでよい、というのです。

　この確率論で鳩山さんはやってきて、総理大臣にまでなった。ところが沖縄の辺野古新基地建設で失敗したでしょう。鳩山さんに会った時に、直接言ったんです。「辺野古問題をマルコフ連鎖でやったでしょう。これは違うんですよ。沖縄では同時に積分がきわめて重要になる」と。歴史は積分ですから。「微分法しか使わなかったでしょう。沖縄の場合は積分法が重要なんです」という話をしました。

意思決定論の専門家がなぜまちがえたのかといったら、歴史というカテゴリーはマルコフ連鎖で読み解くことができないわけです。カテゴリー違い。こういうのは文理融合の中で、すごく面白いテーマだし、専門外の知が加わればまた違う結果が生まれた可能性もあると思います。

松岡　なるほど。

その人間のＯＳ

佐藤　二〇〇二年に背任や偽計業務妨害で私が捕まった時に、滝田敏幸君という、神学部の一年先輩で、いま千葉で校友会を一生懸命やっている県議が言っていたことは、「二十歳頃と人間性はそんなに変わらないぜ。俺は二十歳の時の佐藤を知っているから。いま報道されているような女連れでチャラチャラしてテルアビブに行ったなんてことは絶対ない。何かしでかしたのはまちがいないけれども」と。
滝田に言われてハッと思ったのですが、人間のＯＳができるのが大学時代なんですね。だから大学時代の友達は長く続くのだろうと思います。あの頃女性関係でだらしがないやつはその後も大体だらしがないし、金でだらしないやつはその後もだらしない。大言壮語して勉強しないやつは、その後も勉強しない。だから、大学時代のまだ可塑性がある中で、どのようにしていいOSをつくるかが重要なんですね。

松岡 それは教える側のわれわれ教員も同じですね。それまでの恩師や友人との出会いを含め、学生時代に体験したものなどあらゆる環境が絡んでいます。重要なのは大学で刺激を受けて、正課・正課外問わずに多くの経験を積み重ねる。その経験があればあるほど、人生は豊かになっていく。もちろん悪いことをやれという意味ではないですが。

佐藤 悪いことは小説や映画で代理体験をすればいいんですよ。世の中に悪い話、危険なことはたくさんありますからね。だから、『逃げ恥』を体験する必要はないわけで、ドラマを見て「おっと、まずい。こうなってはいけない」と思えばいい。

高大接続の課題

松岡 確かにこれまで日本の教育では、高校での学習や大学入試で問われることと、大学入学後に学ぶことが一つの流れになっていたとは言い難いですね、そして、前にもお話ししたように、大学選択にあたりどうしても偏差値で輪切りになって、志望動機が外に置かれてしまいがちです。

だから、今後の高大接続については、とにかく同志社大学を知ってもらうことが重要なのです。どういう教育プログラムがあるのか、どんな研究に力を入れているのか、どのような教員がいるのか、そしてなにより同志社はどのような人物を育てたいのか。私はこれらを丁寧に伝え、そして受け手側が理解し志願してくださる。これが高大接続の基本だと思います。

実はそこがいま、同志社は不十分なんですね。以前関東の高校の生徒さんたちに「どこまで同志社のことを知っていますか」と聞いても、「同志社に工学部はあるんですか？」と返されたことがありました。まあ、さすがに京都にあるというのは知られていても、では同志社を新島がどんな思いで作ったのか、となると残念ながら浸透していない。

これまで大学が取り組んできたことや、ビジョン、大学での教育の深化についてお話ししてきましたが、実のところ高校生には情報としてそれが伝わっていないのです。これは非常によくない。

もう一つは、同志社はＡＯ入試や推薦よりも、一般入試に大きなウエートを置いています。今度の入試改革についても、先にお話ししたように、同志社はいままで記述式問題をずっと続けてきました。こうした入試問題の質については、慶應、早稲田、同志社で一つの群を形成できていると私は見ています。これを首都圏を含め全国の高校生に対し、このエリアに入っている大学なんだというのを、入試という面からもしっかりと伝えなければいけない。

佐藤 同志社の特徴は、京大と同志社を受けて、同志社を落ちて京大に入る人がけっこういるということなんですね。それだけ独自性のある作問をしているということです。

松岡 将来を見て、同志社はどんな高大接続を考えていかなければいけないか、入試から考えていくと、どのような方に入ってきていただきたいのかを確認する意味で、作問力は重要だと思います。

佐藤 私立だと、入試問題を予備校に丸投げしているところがけっこうありますね。

松岡 多いですよ。しかし、どのような入試問題を自力で作れるのか、それは大学の教育力そのものなんですよ。作問力のある大学は、教育力がそれだけあるという裏返しです。

学問への姿勢が入試を変える

佐藤 その点でも二〇二〇年度からの学習指導要領の改訂は重要です。学習指導要領の枠の中から作問しなければいけないですからね。

いま神学部の学生たちに、平面幾何でリーマンの話をしたけれど、全然わからないんですよ。「あれ？　数IIでやらなかった？」と言ったら、やっていない、と。高校の数学の教科書をチェックしたら、平面幾何でリーマンとかロバチェフスキーとか、全然入っていないんですね。

松岡　消えてしまいましたね。それと、数学には哲学的な要素がたいへん多く含まれています。そこも理解していかなければいけない。

学問というのは、これを解くだけ、これを理解するだけではなくて、その広がりはどこまでか、ベースにあるのは何なのかというところから入っていけるものです。この考え方でどう作問していくか。ここをどう考えるかで入試も教育も全然違ってくる。

高大接続にも関わる二〇二〇年の入試の改革は、そうした作問のあり方からその人の人物の評価まで、どう落とし込めるかという点が非常に重要になっていくでしょう。

そして、私たちは、同志社の歴史を次に受け継ぐ人に入学してもらわないといけないので、あなたは同志社人として次のステージに立ってくれるんですねということを、最後確約でも取れば理想的ですね。

佐藤　プロセスとか複数解が重要だということは、実は同志社の建学の理念ときわめて関係が深いのです。同じキリスト教でも、青山学院や関西学院大学はメソジストという宗派がベースで、これは監督制です。トップが命令したらみんな言うことをきかないといけないから、明確な規律があります。長老派も教義がしっかりしていて、合議制で、決議には従わないといけない。同志社は会衆派(組合教会)で、個別の教会以上の組織はないんですね。横の緩やかな連合体しかない。だから教義でも、たとえばキリスト教の根本で、人間は生まれる前に、救われる人が選ばれているという予定説か、万人が救済される可能性があると考える万人救済説か、これでプロテスタントの教派が分かれます。

しかし同志社には両方いるんです。だから神学部の学生たちに講義をして、試験するときでも、予定説をとるか万人救済説をとるか、どちらか自分のポジションをまず選んで、その上で論理を展開しなさい、となります。こういうふうに訓練していくから、最初から複数なんです。神学の場合は結論が決まっていますから、結論までどういう形での論理を組み立てるかが問われます。学生時代にこうした訓練を受けたら、役所に入ってから役に立つ。役所の省庁間会議というのは結論が先に決まっていますからね。その中でどれだけ上手な論理を組み立てられるかで説得力があるということになるので、非常に神学的だったですね。

技術と国家と大学

松岡　論理的に物事を解決するのは、数学も似ています。確かに理系的なセンスというのはあると思うんです。工学だったら、役に立つのかどうかが先に出てきます。しかし、役に立たない場合もかなりある。私も特許をいくつも出したけれど、役に立たないのもありました(笑)。しかし、その一見役に立たない特許でも、どのような経緯で発見できたのか、またそれをベースに何か新しいものを作り出せたのか、ということにまた違う面白さがある。われわれ科学者はそのようなことに魅力を感じて、毎日毎日いろいろな実験を繰り返すわけです。

確かに工学の目的、行き着くところは、社会に対してどこまで役に立つのかという、その一点に絞られるのかもしれません。しかし使われない特許、あるいは評価されない研究がベースになり、新たなものに生かされることも実際にはあるんです。教育も同じで、すぐに役に立たなくても、その学んだことがベースになり、また新たな能力が身につくことなども十分あり得ます。

少し話は変わりますが、大学が世界各国からの留学生を受け入れて、その方々が研究に携わっていき、日本で得た知見を自国に持ち帰られます。よく言われる知識の流出です。教育の現場というのは、国益から見てそれをブロックしなければいけないのか。いやいや教育という人を育てていく崇高な営みの中で、排他するなどできないだろう、という非常に難しい問題があるんです。

私の研究では、そのような核心にかかわるようなことを幸いにしてやってはいないのですが、たったいまは役に立たないことでも、今後違う姿で生かされていくかもしれない。先ほど言われた脱内燃機関への転換期でもありますから、いま私がやっている研究も、もしかすると一〇年後、二〇年後にブレークしてくれるかもしれません。

留学生の皆さんもそうなる可能性を持っているわけです。日本では特に何かを発見できなかったけれど、自国に戻られて、同志社で勉強、研究していたあの時のあの一つがヒントになって、すばらしい成果を出す。しかし一方で、もしかしたらそれが軍事産業等に向かうという恐ろしさもある。となると、大学が与える知見というものは、社会にとってものすごく重いものだと感じていますし、同時に良心教育の重要性もより一層増していると思います。

佐藤　昔の映画で『超高層のあけぼの』という霞が関ビルをつくる映画があったのですが、高層ビルをつくるために丈夫で軽い建材が必要だということで、H型鋼を使う。ところが、その時に技師たちはみんなで驚く。H型鋼というのは小さいところで使っているものなんですね。「そんなものでビルが建つんですか」と。あの場面は非常に印象的でした。H型鋼を使うことによって日本独自の超高層ビルが建てられる。

外務省のインテリジェンス部局でその国の軍事力の基礎体力をはかる一つの指標は、超高層ビルが建てられること。そして大型の橋梁が自力で建設できることなんです。

松岡　あれはH型にすることによって、同じ体積を使っても、そのままストレートの角柱よりはるかに強度が増したんですね。まさに機械の世界でいう形状効果、形状によって得られる一つの形態です。軽くて強度がある、だからこそ高いものをつくることができる。

佐藤　文理融合の中で、たとえばこの『超高層のあけぼの』という古い映画を見せて、機械の人とか、建築の人、あと神学部の学生などにいろいろ議論させる。それからあと軍事的な視点から、どういう意味があるのか、国力はどう見るのかという話をすると、リーダー養成プログラムとして面白いかもしれませんね。一回目はH型鋼でどれぐらい強度の違いが生じるか理工学部の人に説明してもらうなど、いろいろな形で文理融合させる。

「専門者」を育て切れていない

松岡　いままで大学は専門教育を重視し、それを学んだ学生を社会に送り出すということに特化してきた。もちろんその価値は十分わかるのですが、しかし実は、「専門者」というレベルにまで到達していないと思うのです。

専門性を高めるというときに、機械工学を専攻するのに物理は必要ですよ、でも同じ理系でも生物はいらないですよね、となるのが現状です。でも、さきほど述べたように、もしかしたら動物学の知識が求められる場面があるかもしれないし、気象学的な発想が必要かもしれない。本物の専門性を追求するならば、逆にそれ以外の知識も加え、懐深く受け入れなければいけない。

佐藤　たとえば神学部の学生に、ヘブライ語もギリシャ語もろくにできない段階で、ヘブライ語の釈義の非常に難解な英語の専門書を読んでレポートの作成をさせたりすると、まだそれほど基礎学力が高くない学部生だと、潰れてしまうことがある。そういうことをしないように私は注意しながら学生に課題を出しています。

どこの大学にも「うちの学生はバカだから」と言うような教員がいますが、そういう人に限って教材研究をしていないし、講義ノートもきちんとつくっていない。

四年は短すぎる

松岡　繰り返しになりますが、私は、専門性を有していることは非常に価値があると思っています。そのうえで、副専攻という話がありましたが、専門性にプラスアルファし、育てていくべきだと思うのです。中学そして高校の各三年間を終えて大学に入ってこられます。経済学部に入りました。将来はこうなりたいとまだ明確に決まっていないが、経済を学ぶ一方で、興味があるのでサイエンス・コミュニケーターのようなものを学んでおこう、というふうに並行して学習することにより、学問的な視座が一気に変わってくる。

それを一年から三年でやるべきだと思うのです。そのうえで、将来どうするか決める三年生から四年生になる時に、選択の幅が格段に広がる。その広がった選択肢には大学院進学も入ってくるでしょう。だから私は大学院教育改革も進めたいのです。

改革のベースをつくるためのシステムが、実はリーダー養成プログラムなどだということに気づいたのです。

佐藤　そう、とにかく、いまの教育体制での四年は短すぎるんですよ。そのうえ四年で就職する場合には、就活が三年から入ってきますから、実質集中して勉強できる期間は二年半しかないのです。

松岡　その通りです。自身がこれと言ってやりたいこともないまま、時間の流れで目的もなく企業を選んで入ってしまう。

新卒の離職に関し、「七五三現象」と言われて問題視されてますね。中学校卒業の方で七割、高卒で五割、大卒で三割が三年以内に退職される。せっかく大学を卒業したのに三人に一人は、入社したけれども会社が合わないから辞めていったりする。

佐藤　企業のほうも、それ前提ではじいていきますからね。

松岡　入社してだめだったら、外されるわけですよね。そんな使い捨てになっていることと自体おかしい。当たり前ですけれど、私は同志社を卒業した方にはそんな不幸な目にあってほしくないわけです。

名桜大学の試み

佐藤　私は沖縄の名桜大学を手伝っているのですが、名桜から学ばなければいけないことがたくさんあると思うのです。というのは、定員割れを起こして偏差値が三〇台まで落ちたのですが、いまは琉球大学と並んでいる。

これはひとえに、学生の学力検査をして、欠損部分の補充を一、二年生でやっているからなのです。学習支援センターの主たる仕事はこの欠損の補充です。それで、数学と英語で、英語のチューターに関しては、最初はアメリカでチューター資格を持っている人を外部から調達しましたが、現在は学内で養成してやらせている。数学に関しても、中で回せるようにしています。そういった形で大学全体で基礎学力の底上げをやったわけです。英検二級、準一級合格で奨励金も払ったと思う。

だから、最低でも英検二級はクリアできていて、いまは数学でも、数Ⅰや数Ａでの欠損はない。だから中学時代の数学の欠損がある学生、三角比がわからない学生はいない。それから統計の基礎的な処理は、中央値と平均値の違い、正規分布が何かわかるというところまでは最低の基本線としてカリキュラムをつくって、それにプラスして、ライティングセンターで元琉球朝日放送の記者を専任で採用して、社会に出てから使える文章力を養うためにレポートを書かせているんです。

しかも、あそこの学生は多くが仕送りに頼らず、何らかのアルバイトをしている。本土からの学生が半分なんです。本土で、地元の難関国立大学に合格するのは難しいが、東京や関西の私大に通うことは経済的に厳しい。名桜大学だったら、東京だったら七万円か八万円する学生マンションに三~四万円で入れます。自治体が力を挙げて誘致していますからね。それでアルバイトがある。だから、仕送りに頼らず自力で大学を卒業することもできる。なおかつ沖縄のネットワークを使って、アメリカとカナダとオーストラリア、中南米やアジアの大学との交換留学制度をつくっています。

地域的特性をどう生かすか

佐藤　ただ、いま問題になっているのは、本土出身者の比率と、那覇など沖縄の中部の出身者の比率が高くなって、立地している沖縄の北部に知の拠点を作って地元の若者が高等教育を受けられるようにするという、大学を作った本来の目的の達成が難しくなってきていることです。どうやって地域的特性を生かすかについての戦略が必要になります。

名桜大学で私が講義しているのは、沖縄アイデンティティ論です。それでTA(教育助手)は、欠員が出てもかまわないから、本当に教えられる能力のある学生しかTAにしない。一般大学のTAを見ていると、文科系のほうは出席とコピーを取るだけの、事実上の無償奨学金になっているわけですね。これは枠を使わなければいけないという発想をまちがえていると思う。ＴＡの力がある人間以外をＴＡにしたらだめなのです。誰もが認めるようなロールモデルになる学生をきちんとＴＡにするということで、指導者養成をやると同時に、教える資質のない学生がＴＡみたいな形で指導者的なところにいるという状態を改善していく必要があると思います。

松岡　その通りですね。名桜大学については、佐藤さんからたびたびお聞きしているので、一度見学させてもらいたいですね。

佐藤　東北大学が視察団を送っているんですよね。これは『文藝春秋』に名桜大学に関する記事が出た関係だと思いますが、東北大学でも基礎学力の強化をどうするかというのが話題になっているということでした。けっこうあちこちの大学から視察団が来ていると、名桜大学の山里勝己学長が言っていました。

ところで、推薦と内部進学で入学した学生は、一般入試で入学した学生と比較して、知識が欠けている部分があるケースが多いので、大学がきちんとそれを埋めるカリキュラムを作り、学生に消化させなくてはなりません。やはり一年生の時から努力をしてもらわないと困るんですよね。

松岡　どこの大学も同じ悩みは抱えていると思うんですけれどもね、そこは。授業についてこられない不幸な学生を生み出してしまうことはやってはいけないんですよ。

佐藤　そこは手だてを考えないといけないので、とった以上はわれわれの側に責任があるはずなんです。

学力の差をどう埋めていくか

松岡　高大接続に関する課題の一つは、そこだと思います。結局、入学者の学力の差をどう埋めていくのか。なくしていくのか。いま言ったように不幸な学生をつくるということになったら何のための教育機関かということになるので、われわれが責任をもって社会の中に送り出していけるように……。

時間がかかるというのは、私はあってもいいと思うんです。必ず四年間で卒業させるということにとらわれる必要はない。

さきほどお話しした学部三年、大学院三年の接続教育というものを私が考えているのは、一八歳人口も減ってくるけれど、リーダーとして人を導く資質を有した人物は、世界がどのように変わっても絶対に必要であるし、また今後さらに重要性が増すと思っているからなんです。だからこそ六年費やしてもいいから、教養教育の土台がしっかりとしている教育を行うべきなんだ、と。教養力を持った高度職業人と言われるような大学院卒の人物を、同志社から輩出すべきなんです。

そして社会の中で、それらの取り組みに対する評価をしっかりと受けていく。だめならだめということで、社会から批判を受けたらいいと思う。それは、学長である私はもちろんだけれども、やはり教員一人ひとりがそういう声をきちんと受け止めるべきでしょう。そして真摯に教育改革に向き合う。あなたの授業を学生のためによりよく変えていきましょう、と。そういうふうになっていかないと、大学は絶対によくならないし、生き残れない。

佐藤　リーダー養成プログラムの中では、本当にいま大学院改革が重要で、たとえば二回生、三回生で明らかに大学院レベルの力がある人が、文科系だったらよくいるんですよ。それはもう大学院に入れてしまえばいいんですよ。

ただ大学院への飛び入学というのは、いまの日本の制度では高卒になってしまうところが多いのです。だから外国に行く時に、いろいろなエクスキューズが必要になる。それだったら、一年間プラスでいいから、留学するなりなんなりして時間を使ってきなさい、と。ただ私は、二回生ぐらいでも能力があれば大学院の授業を聴講させて、大学院の修士レベルの卒論で出してもかまわないと考えています。それで大学院の修士課程では Ph.D. レベルに近い修士論文を出せばいいわけです。同志社の神学部について言えば、何人かそういう水準の学生たちがいますからね。

大学出身者の活躍が評価のバロメーター

佐藤　考えてみると、私も二回生の時から指導教授に言われて大学院の講義に出ていましたからね。三回生の時には少し授業を手伝っていました。「ここは佐藤君やってくれ」と言われて。

スポンジみたいに吸収のいい学生がいると、教えていて面白いんですよね。自分の指導教授たちは私をかわいがってくれたのですが、いま教えていて、この学生たちに感じているのと同じことを私に感じてくれたんだろうな、と思うのです。これがもし私が東大とか埼玉大とかに行っていたら、そういう臨機応変な対応を大学はしてくれなかったでしょう。だから、指導者養成についてもきちんとやっていって、各学部の中には少しずつものを変えていかないといけないと思っている先生たちがいるから、そのネットワークで、どんどんいい学生を育てて、同志社大学出身者のロールモデルを出していけばいい。

結局、今後大学の評価はどこで決まるかというと、入学偏差値ではなくなる。社会に出てどれくらい活躍している人がいるかということになってくると思います。

だから校友との連携が重要になるわけです。校友を見るとこういう活躍をしている人がいる、と。

松岡　社会との接点というのは、高校の時はなかなか見えにくい。先ほど同志社の良さというのを伝えなければならないと言いましたけれども、やはりそこがきわめて重要で、同志社というフレームを通して社会を見る。どんなキャリアパスがあるのか、どういう卒業生が活躍しているのか。在学生はもちろん高校生にとっても、われわれの校友の方々とお会いして、話ができるようなチャンスがあるだけで、一気に同志社に対する見方が変わってくるのではないでしょうか。そこが伝統ある大学の強みだと思うんです。スポーツ界にも立派な校友が大勢いらっしゃいます。本当にいろいろな世界で活躍されているんです。

活躍の場が多岐に亘っているのは、私学だからこそです。そういうリーダーというか、オピニオンリーダーという言い方もある。佐藤さんもまさにそのお一人ですが、知性と品格を備えたリーダーを一人でも二人でもつくっていくための教育をしていきたい。教育だから、あなたはこの専門なんですよ、とそんなことを私は言う気も何もないんです。あなたの専門にプラスして幅を広げましょう、と。

佐藤　往々にして大学の先生は、勉強がよくできて、学者になりそうな子はかわいくなってしまいますが、全員が学者になればいいわけじゃないですからね。適性はみんな違いますから。

偏差値の輪切りによるマイナスからのスタート

松岡　私が教員だからちょっと言いにくい部分もあるけれども、すべてが学者なり大学教員になる必要はない。社会の中でいろいろな立場に立って、先導者として牽引できる人物が大勢いるのです。すばらしい卒業生を同志社はかなり送り出してきているように思います。あらためてそういう評価を社会からしっかりと私は受けたいのです。

大学でどのような教育をして、どんな人物を送り出すのかにも関わることですが、いまの大学生は、さきほど言われたように、教育の中身よりも受験偏差値により輪切りにされているという点で、本来のあるべき姿の教育を受けられていないのではないかと思います。

佐藤　そう。ゼロからスタートじゃないんです。そこのマイナスからスタートなんです。

松岡　だから私は、大学で本物の学問を身につけさせないとだめだ、と。確かな教育プログラムを開発し、同志社だからこそ送り出せるもの、私はそれに挑戦したい。リーダー養成と大学院教育改革、この二つはこれまでの同志社の教育改革の叡智を結集し、素晴らしいものを生み出せると確信しています。もちろん他大学もそれぞれの教育プログラムを開発するでしょう。けれども、同志社の建学の精神や、これまで積み重ねてきた教育の歴史をベースにした本学のプログラムと、同じ真似はなかなかできないという自負はあります。

佐藤　もともと持っている基礎体力が違いますからね。

それから、同志社の教員は同志社に対する帰属意識が高いですしね。これは先ほど述べた名桜大学もそうです。

それから職員。国立大学の場合、職員は二〜三年で異動になりますが、私学は一生勤める人が多い。公立大学でも、名桜大学のように公立大学法人で人事を行なっていると、職員は大学から異動しない。だから私立大学と一部の公立大学では、職員の大学への帰属意識が強いんですね。

松岡　その通りですね。教員、職員、学生、校友、私は「ALL DOSHISHA」と言っているんですけれども、それが一緒になって次の大学を支えていける人物をつくっていく。

そしてまた社会を支えてくれる人物を。これは一体化していっている、と。

佐藤　そもそもうちは結社という発想ですから、本来学生を含めて社員なんですよね。

松岡　同志社社員です。同志社人ですね。

第4章

私立大学の存在意義

——「良心」とは何か

1884 年竣工の彰栄館に残る礎石。
現存する京都最古のレンガ建築で、現在は学長室がある。
国の重要文化財で今なお学長が執務する大学は他にない。

体育会で学ぶこと

佐藤　同志社だけの問題ではないのですが、各大学のサークル活動、特に体育会と学業の両立には、なかなか難しい問題がありますね。

松岡　学生の成長を見た時に、勉強面だけではなくて、特に大規模な私立大学では、クラブ、サークルなどの課外活動が人格形成に寄与している面が大きい。ところがいまの大学教育の中では、そこを教育的な面から評価する仕組みはほとんどないんですね。これから学生一人ひとりのポートフォリオをつくる時に、課外活動がどう影響をもたらすのかについては、手つかずの状態です。

佐藤　実は課外活動によってこそ、総合マネージメント能力がつくはずです。前に山岳部で、一回生、二回生、三回生、四回生それぞれの時に何をするのかについて話しましたが、ややもすると、大学の体育会がそういうものを学ぶ場ではなくなって、一部のオリンピック級の人間たちとその下支えをする学生のピラミッド構造になってしまっているんですね。ピラミッドの下の方にいる学生は下働きで、晴れの舞台にも出ないし、サークル活動を通じて、どのようにして社会が成り立っているのかについて学ぶ経験もしないとなると、四年経ってなんで大学に来たのかわからなくなってしまう。

大体そういった学生は、二年、三年で体育会をやめて、その後居場所が見つけられなくなってしまう場合があります。同志社はその点で、体育会が非常にしっかりしていると思います。非常にバランスのとれた、総合マネージメント能力が高い人が多いというのが、私の同志社の体育会に関する印象です。

松岡　単純にスポーツだけができる学生を集める、また特定のスポーツをとにかく強くしたいという考えの大学もあると思います。しかし同志社の場合は、学生の全体像を評価し、学習意欲もあり、かつスポーツにも打ち込める学生を育てたい。そして大学で四年間を過ごす中で、人間関係もしっかりとできていく。いわゆる「知・徳・体」のバランスの取れた学生を育てようという考え方です。その中においても、オリンピック選手も生まれていますし、たとえば野球界で、あるいはサッカーの世界で、など多くのスポーツ界で活躍される方がたくさん出ておられます。

佐藤　第1章でお名前が出たラグビーの岡仁詩先生もそうですが、人間力もあるし、やはりみなさん専門科目もよく勉強しているんですね。同志社の場合は、体育会にいるから、顧問の先生のところに行けば、一回も出席しないで単位をくれるとかいうのはないですからね。

オリンピック級の選手を出すことが、大学の広告になっている場合も多い。あるいはマラソンで売り出すなどは、方向性を定めて動き出せばできなくはないと思います。しかしそれでトータルに学生が幸せになるのかが問題なんですよね。

体育会にいて、結果としてオリンピック選手が出てくる、結果としてナショナルチームのメンバーになる人が出てくるということはいいんですよ。これは手段と目的の問題だと思います。

同志社大学の特徴としては、体育も、あるいはキリスト教主義にしても、それ自体に価値や目的を置いているのであって、大学の営業の手段にはしない。それが、ある意味では同志社が地味と思われる点でもあるかもしれませんが。

キリスト教には目的論という考え方があります。ギリシャ語で「テロス」といいますが、たとえば大学を終了する時、大学生活を終えることは入学した時から定められた目的に向かうことであって、同時に完成であるわけです。この目的論がきちんとしているのが同志社の面白いところだと思います。

総合知の力

松岡　大学の中で教育とは一体何なのか。教育というのは当然人を育てていくことですが、とりわけわれわれ同志社は、知性と品格を備えた人物を養成する、という大きな目標をまず掲げています。

もちろん、どの大学でもそれぞれの理念に基づいておられると思うのですが、最終的には自分がどういうふうに成長するかを学生自らが見出していかなければ意味がない。いろいろな角度から教育はできるわけで、それはスポーツや文化活動を通じて得る場合もある。指導を受けた教授から受ける影響ももちろんある。また家族、あるいはアルバイト先から受けるかもしれない。そのようないろいろなものを自分で集めてくる能力、つまり「総合力」が非常に大切なんですね。

さらに、さまざまな角度から受けたものを、自分の総合知として、学生自身がどこまで養っていけるかが重要です。もちろんそれは本人がつくり出さなければいけないのですが、その力に気づかせ、養っていく環境を大学が提供する。われわれ同志社は自由主義を謳っていますから、自由に学び、自由に考える。そこから総合知が生まれてくると考えています。

そういう素養を持って社会に出て、その中で、思わぬ想像力、発想、あるいは未知に対する解決力が展開できるような人物を養成する、それが大学の役割だと思うのです。

佐藤　おっしゃる通りだと思います。中世に「博識に対立する総合知」という格言があります。断片的な知識はたくさんあっても、それだけでは意味がなくて、合わさって初めて意味が出てくるんですね。これは中世だけではなく、大学という場、機関の特徴だったわけです。

岩波の旧版の『岩波講座世界歴史』第一〇巻、中世4の「大学の発達とスコラ学・一大学」という項目に「スムマ・コンントラ・ポリュマティエーン――博識に対立する総合的体系――」という著作・研究の形態についての記述があります。人文科学の一切の知識、さらに自然科学までも含めて、ともかく学問的知識を単に水平的に網羅するポリュマティエー、すなわち博識の形式で収納しているのではなく、その一切の知識を論理的に体系化し、研究と教導の二目的に使用していたという点で、これが総合知なんだ、と。

これがスコラ学、そして中世の大学の基本的な考え方なのですが、実は同志社に神学部があるということは、同志社精神、同志社の教育には、中世以来の良きものが継承されているということなのです。

それが、いま同志社が非常に強調しているところのリーダーシップとつながってきます。

「リーダー養成」の真の意味

佐藤 「リーダーシップがある指導者養成の教育」とは、国際標準の意味ではエリート養成ということです。ところが日本語で「エリート」というのは、すごくいやな響きがあるので使われないんですね。しかしここでちゃんと定義しておきたいのですが、これは、たとえば、役所に入ったら事務次官になるとか、株式会社ならば代表取締役会長、社長になるとかいう椅子取りゲームをやって、一人だけが勝者で残り全員は不幸せ、そういう指導者、トップを狙えということではありません。

もちろん同志社OBでも、大手証券会社のトップになるような適性がある人もいます。それだけではなくて、地方銀行の頭取や地方の放送局のトップになるとか、いろいろな形で、地元で働く人たちがいるのです。また、同志社の神学部を出た人で、北海道の公務員の上級職に合格して、触法少年の自立支援ホームのホーム長を希望して、その後児童相談所の課長になっている人もいます。役所の中の出世レースから言えば、副知事になって、というトップを歩くコースではないけれど、上級職の力量を持って、神学部の時代の思いを生かしながら触法少年たちのホーム長をやって、自分が初代で教えた子がようやく三〇代になって結婚して子どもを連れて挨拶に来る、それに彼はやりがいを感じるといいます。地方都市の中でも経済的な困難が大きく、生活保護の受給率が高い地域の児童相談所に行って、虐待などの対策の一番の現場でがんばっている人です。同志社の「指導者」というのは、「巨人の星」に続けという感じじゃないんですよね。

松岡　そうです。リーダー養成というと同志社が考えているものと、一般的なイメージは少し違うのではないかと思いますが、私たちが考えているのは、学生一人ひとりの適性にしたがって、それぞれの領域や分野でリーダーとなって指導する者ということです。

佐藤　そう。地域ごとのリーダーです。私は、同志社教育の特徴は適性を重視することだと思います。その人間には能力とともに適性があります。たとえば私が陸上部に入っていって、ここで身をなしたいと言ったら、「おまえ、その前に少し体重を絞って来い」という話になるでしょう(笑)。いっぺんに語学を五つも六つも、古典語などもやりたいという学生には、「まず英検の準一級を取りなさい。そこで語学適性がわかるから。中途半端な語学の勉強をして全然役に立たないのは、ただの時間のむだだよ」と私は言います。そして、「それを君たち、能力と考えたらだめだよ。ある種の事柄は適性があるんだ」と伝えています。特に高等教育以上になると、適性が大きく関わってくるのです。

就職だってそうでしょう。一人でコツコツといろいろな対象に会って、調査みたいな仕事に向いている人もいれば、研究開発に向いている人、ワーッとみんなでいろいろなイベントを立ち上げて、企画して「よし、これが終わったら打ち上げだ。次に行こう」というのが得意な人もいる。そうした適性は、先ほどの課外活動などからも磨かれてくるのですが、意外と最近の大学にはその場が少ないように思います。

複合アイデンティティ形成という同志社の特長

佐藤　同志社の科目の特徴を見ると、他大学はびっくりするのですが、どの学部に入っても大きな違いはないんじゃないか、と。

松岡　確かに副専攻制度など、学部横断型の教育プログラムに積極的ですね。中には法学部に入って専門分野とともに経済学も勉強するとか、あるいは商学を勉強して公認会計士の試験を受けるという学生もいますね。もちろんこれは、各学部における質の保証は重視した上での話ですが。

佐藤　あるいは、文学部に入ったけれど、途中から関心が政治に向いてきたとすると、文学部の科目はきちんと履修する中で、政治学科の科目も履修できる。大体、高校三年生や浪人の時点において、将来の職業とつながった自分の知的な関心を狭い分野で決めることができるはずがないでしょう。同志社は流動性があるし、あるいはもう本当に専攻を変えたいということだったら、かなり大幅な転部も認められる。システムが実に柔軟なんです。これは関東の大学ではちょっと考えられない。

国内留学(学部学生交流)で早稲田大学との交換留学を行なっていますが、これにしても、あまり他の大学はこういう国内留学をやらない。

ちなみに、同志社の系統では、同志社女子大学は同志社大学との共通科目を持っているから、科目によっては男子学生が女子大の講義を聴くことができる。その辺のハイブリッド性というのは、同志社の至るところにある。これが、大きな戦略を含んでやっているのではなくて、何となくやっているうちにそうなってきたんですね(笑)。

松岡　前にも出ましたが、そうした複合アイデンティティは、そもそも同志社の大きな特長なのです。

佐藤　そうそう。同志社の面白さは、カール・ポパーが言っているピースミール方式をすごく大切にするところにあるのです。学長がこれだからやれという形でがむしゃらに競争させるのではなくて、ボトムから上がってくるようなプロジェクトをどうエンカレッジしていくか。

ただ、そうなると一つの問題は、時間がかかることです。それにそもそも京都は時間の流れが東京と違うんですね(笑)。

激変する社会の中で

松岡　ゆったりしているんですよ。これが、最初にも言ったように、いいところでもあるのですが。しかしそこはやはり、時代に合わせなければならない場面も出てくるんでしょうね。教育はいま、行政も含めて本当にいろいろな面で動いて、変わっています。その変化に、大学がしっかりと連動していけるのかが問われています。

国のトップダウン型で大学の教育が変えられていくのではなくて、われわれ自身が確固たる教育理念を持った上で何を成すべきか、さきほども言ったように、各大学が理想とする人物をどのように育成していくのかということが最重要課題です。そこは一本筋をちゃんと曲げないで持っておかなければいけない。

国内留学など、大学同士が協同していく点については、桜美林大学と名桜大学も単位交換をやっていると聞いたことがあります。沖縄国際大学ともやっている。東京と沖縄とを結んでいるわけですね。

政府は都市部と地方をどう連携させるかを考えていて、特に東京二三区にある大学の定員増加を抑える法案を閣議決定しましたね。若者が東京に集中する現状を是正して、地方の大学の振興と雇用機会を創出することが目的だとしています。

これに対しては、都内の大学の皆さんは非常に違和感を覚えておられるでしょうし、確かに私もちょっとおかしいなと思います。もし上からの政策に違和感があるとしたら、それに対抗していくためにも、大学同士の強いつながりをつくっていかなければなりません。大学が協力しあったら、こんなこともできるじゃないか、と。もちろん国の施策とそれぞれの大学の方向性がフィットするのであればそれでいいでしょうし、また違っていればオルタナティブを自ら示す必要があると思いますね。

無償化と政治資金規正法

松岡　高等教育の無償化については、もちろん経済的に苦しい方が大学で学べるという非常にいい施策だと思います。しかし一方で今回の施策は大学の評価、そして選別も考えています。

たとえば、外部から理事をどれだけ入れてきているかとか、財政的な面はどうなのか、学生の充足率はどうなのか、といった大学の評価を絡めることなどが考えられているんですね。だから、表向きには学生の支援という非常にいい面も出てきますが、しかし一歩まちがえば大学の自治への介入、といった歪んだ側面も出てくる可能性があります。

佐藤　これは、政治資金規正法の話を考えたらいいと思います。これはそもそも「規制法」ではなくて「規正法」でしょう。だから従来は、記入ミスがあったら、その記入ミスを直せば刑事罰は問われなかった。ところが石川知裕さんの事件以降、刑事罰に問われるようになったのは、政党助成金が入ったからです。政党助成金以外の政治資金は、個人・法人が集めた私的なお金です。ところが政党助成金で国費、国民の税金が入ることによってハードルが変わってくる。だから刑事責任を追及していくというのが検察の論理です。

ただのランチはないわけで、無償化の財源は国民の税金になるわけだから、そのお金の額が増えれば当然国の関与は増えてくる。でもこれは納税者の立場から見れば当然ですよね。だから私学にとっては財政的にも自立していくことが非常に重要であって、高等教育の無償化に関しては、私は私学がその方向に向かうと失うものが非常に大きいのではないかと思います。もちろん文科省と対立するのではなく、共存共栄を図るべきと思います。

私学とはどのような存在なのか

佐藤 私学とはどういう存在なのか。森有礼がアメリカに来て、新島襄に「おまえの不法出国は帳消しにしてやる」、「おまえは外国人に金をもらっているのか。それを全部払ってやるから」と言った。新島先生は即座に断った。それでハーディーさんに、「私は信仰の同志であるアメリカ人からお金をもらっていることを全然問題と思わない」と言いました。私が解説を書いた、岩波現代文庫から出た和田先生の『新島襄』にも出てきますが、ここに私学の原型があると思います。

かといって、国に協力しないわけではない。新島襄は日本万歳と言い、岩倉使節団の手伝いをしています。国家とは是々非々で対応していくというのが新島先生の考え方であり、同志社の伝統なのです。常に原点に帰っていくならば、国民の税金をいただくということの意味合いを同志社人は理解しないといけないと思います。ただだったら何でもいいんだという考えだと、私学は成り立たなくなってしまうのです。

新島夫妻が起居した「新島旧邸」にある書斎。保存された当時の家具や書棚がそのままに往時を偲ばせる。

批判も受けるでしょう。おまえたち金持ち大学じゃないか、と。甘受すべき批判は甘受すると同時に、同志社人は、教育とは社会に還元していくものだというノブレスオブリージュ的な覚悟を持つことが非常に重要だと思います。

松岡　無償化には、国の補助型と大学独自の両方あるのが理想的なのかもしれません。われわれ私学にとって何が根本かというと、他のどこでもない、本当に同志社で学びたいのだという学生さんたちに来てもらうことにあります。その中に経済的に苦しい方がおられたら、どういう手を打つのか。それが議論の本質であり、新島の原点にもそういう思いがあった。

同時に私学にとっては、もちろん経営という問題は必ずついてくることでありますから、独自ですべての方を補助できるというわけではありません。

いまなぜ同志社を選ぶのか、同志社に行きたくて、受験したら合格できた、ただ他の大学も受かったがどうしようか、という中での選択もあると思います。そういう状況で、いまは与えられた政府の法律、規定の中で「無償化がありますから、どうぞ」という状態なんですね。そうではなくて、大学から見た無償化のあるべき姿はどのようなものなのかを真剣に考えていかなくてはならない。

佐藤　私もそう思います。そして、大学の側も財源について考えなければいけない。「ただのランチはない」なんて言うと、「おまえは新自由主義者なのか」と批判されますが、現状を考えれば、やはり財源に限りがあることは確かなのです。機会の平等を担保するには、まず初等教育や就学前教育に重点的に財源を配分して、高等教育についてはそれぞれの大学が工夫していく方がいい。

奨学金に関しても、私は、必ずしも無償奨学金の額を増やせばいいとは思わないんです。ただ、いまの奨学金は、かつてのバブル期の借手責任の論理が適用できるような代物で、そもそも返済能力のない子たちに、ひと月一六万も貸し付けるのはおかしいですよ。だいたい返済時期が卒業後すぐなんていうのは非合理的です。前倒しの返済を可能にしておいて、原則一〇年、一五年経ったところで返済を開始するという奨学金制度だったら、ずっと合理的だと思います。

これを読んだ同志社の人たちにお願いしたいのは、母校についてみんな思いを持っているのだから、それを形にあらわして、もう少し寄付が増えたらいいなということです。

松岡　いま佐藤さんが言われたように、校友、あるいは同志社に対して深く理解していただいている方々から、就学困難な入学希望者に向けた奨学金をつくろうという動きが起こったらすばらしいですね。同志社だからこそ、いや同志社に限らず、一定の規模のある私学であれば、そこまで踏み込んでいくべきではないでしょうか。社会の中に貢献できる人物を広く養成していくという意味では、奨学金も含んだシステムをつくることには、非常に大きな価値があるはずです。

極端なことを言えば、国は大学を信用してドンと補助金を出して、そこに自分たちで集めた募金等を上乗せして工夫しろ、というやり方をしていくほうが本質的にいいものが根づいていくと思いますね。国が大学を評価し、査定するというのは、どこか大学を信用していないというような印象を抱かせてしまうんですね。

佐藤　東京地検特捜部の捜査と政党助成金が裏表になっているのと同じです。私は国家公務員だったからわかるけれども、国家というのはその本質においていろいろ干渉したいという欲望を持っています。特に、改革派というような人は往々にして干渉派で、コントロールするとよくなるという発想なのです。それが官僚の本性だから、変わらないんですよ。

「ゆとり教育」と受験産業の跋扈

佐藤　いま高校も大学も、高等教育を展開していくことに非常に苦労している原因として、一つ、「ゆとり教育」を、結局のところ学習する中身を薄めることで実現した点があると思います。これは文科省の手抜きなんです。その結果、高校と大学の連関、高大接続で大学の側が非常に困っている。一方で総合学習というのはいろいろな可能性を持っていたと思います。

われわれは「ゆとり」という言葉が好きなんですよ。ところが「ゆとり」というワーディングが使えなくなったのは、「ゆとり教育」という方針における「ゆとり」の誤使用のためです。始めに松岡学長がおっしゃったように、「ゆとり」とか「遊び」がないと、ものごとは窮屈になって大変なことが起きますよね。だから、より時間をかけて教えるとか、一人の先生が教える生徒の数を減らして一人ひとりに向き合うとか、違うやり方があったはずなのですが、結局、きわめて機械的に教えるものの量を減らしただけでした。

かといって司法試験や外交官試験がやさしくなるわけではないから、そのしわ寄せは、結局個々の生徒、学生たちに来ますね。そうしたら何が起きるかというと、受験産業がその隙間を埋めるのです。ゆとり教育の結果起きたのは、受験産業の跋扈です。

浦和高校の杉山剛士校長(二〇一八年三月退職)と対談して『埼玉県立浦和高校――人生力を伸ばす浦高の極意』(講談社現代新書、二〇一八年)という本を作ったのですが、彼が言うには、この受験産業との戦いというのは非常に大変で、教育を目的としてやっている人と手段としてやっている人の違いなんだ、と。

この校長先生は、武蔵中・高を出て、東大の教育学部に行って大学院まで出てピアジェの発達心理学をやってから埼玉県の教員になったというおもしろい経歴の人です。

子どもたちとお母さんたちには、そこの違いがなかなか見抜けないんだ、とも言っていました。塾や予備校にはきめの細かい指導がある、子どものケアをしている、それはそうなのだけれど、その目的は何なのか。受験産業にとってはそれはお金儲けですね。あるいは、政治的な目的があって、教育で何々をやれというのは、自分たちが何かを実現するために、教育を手段として考えているということです。

九九匹と一匹の羊

佐藤　偶然ながら、浦和高校の校長、同志社大学の学長と並行して話をしていて思ったのは、同志社の教育についていまわれわれが語っているところはここなんじゃないかな、ということです。

つまり、いま高等教育が大きく新自由主義的な方向に舵を切ってきているのだけれども、やはり人間は群れをつくる動物であって、群れを導くにはリーダーシップが必要だ。そのときのリーダーシップとは何か。聖書に九九匹と一匹の羊の話があります。

「ある人が羊を百匹持っていて、その一匹が迷い出たとすれば、九九匹を山に残しておいて、迷い出た一匹を捜しに行かないだろうか。はっきり言っておくが、もし、それを見つけたら、迷わずにいた九九匹より、その一匹のことを喜ぶだろう。

そのように、これらの小さな者が一人でも滅びることは、あなたがたの天の父の御心ではない」(マタイによる福音書　18章12〜14節)

イエスは、九九匹の羊は戻ってくるが一匹の羊がはぐれてしまったとき、羊飼いは九九匹の羊を置いて一匹の羊を捜しに行くでしょうと言います。こういう指導者、リーダーシップなんですね。人に対して優しい目を持つ、弱い者、小さな者がドロップアウトしてしまうような時にちゃんと目配りできるというのが、同志社が考えているところの指導者だと思います。

松岡　まさにその通りです。同志社の良心教育については前にもお話ししましたが、いま言われた、一人ひとりを大切にする、そして人に寄り添って行動することができる人間こそ、いま求められるリーダーである、ということなのです。そういう人物をキリスト教主義の大学で育成することがリーダー養成の真の目的です。

佐藤　私は学生たちに、同志社の良心教育について話すとき、キリスト教における「良心」というものをよく考えてほしい、と言います。キリスト教は、人間には原罪があると考える。罪から悪が生まれる。その悪を人格的に体現すると悪魔になる。だから神学的に悪魔はいるんですね。そして、人間は悪に傾きやすい。自分は良心的な人間だと思ったら、その瞬間においては、それはかなり悪魔に取りつかれていると考えたほうがいいんです。

いろいろな良心的な人を調べて、良心比べをしましょうといった形で良心学が成り立つというのは大きなまちがいです。そうではなくて、良心的だと思っている、まさにそこのところにおいて、人間にはまちがえたものが入ってしまっているのです。唯一われわれが神学的に認められる「良心」とは、真の人であるイエス・キリストの「良心」だということなんですね。

イエスの「良心」とは何かというと、九九匹の羊と一匹の羊の話にあらわれている生き方であり、人間的に言うならば「良心」とは悔い改めです。神様の前で悔い改めて反省する、それは同時に他者に対して悔い改めることなのです。おれはキリスト教徒だからえらいんだという姿勢ではなくて、仏教徒で、あるいは無神論者で立派な人がいるのだったら、そこから学んでいくんだという姿勢ですね。

ギリシャ語で「メタノイア」といいますが、これは英語では「レペンタンス」になり、「向きを変える」から来ています。「良心」というのはこれなんだよ、と学生に言うんです。

技術的特異点と良心

佐藤　二〇二〇年度の大学入試改革や学習指導要領の改訂の方向は、時代がだんだん同志社に追いついてきているところがあると、先にもお話ししました。一方で、文科省の新年度予算「Society 5.0」というのは、いままでやってきた二一世紀ＣＯＥからグローバルＣＯＥなどの流れに連なる、新自由主義的改革ではないかと思います。

日本の教育行政はねじれているところがあって、初等教育・中等教育までは教育勅語を読ませたほうがいいと本気で思っている人もいるし、大学については、アメリカ型の教育が世界を教導していくのだとして、アメリカをモデルとして見てしまう面があります。しかし同時に日本の教育のシステムはヨーロッパ型で国立大学中心だから、いろいろ分裂を起こして、整合性が取れなくなっていると思うんです。

分裂しているというのは、何もしないという姿勢ではなくて、現状を変えないといけないということになるから、アクセルとブレーキの両方を踏んでいる状態になります。スーパーグローバル化を実践している大学は疲弊しています。同志社のスーパーグローバル化は、文科省のそれとは折り合いがつかなかったというふうに考えればいいわけです。

松岡　「Society 5.0」においても、将来どんな産業構造になっていくのか、どういう未来を想定するのかが問われてくるのですが、そこは、はっきり言いますが、まだ明確になっていないんですよ。ないものを具体化していこうとするのは非常に難しいですし、さらに言えば、それを大学が教育現場にどう落とし込んでいくのかはより一層難しいことです。

であるならばむしろ、先ほど佐藤さんが言われたような「博識に対立する総合的体系」、総合知を志向していくほうが意義が大きいと思います。たとえばＡＩなども、情報をどんどん与えれば、それに比例していろいろなことを考え出していく能力を発揮するでしょう。しかし、その情報を正しく判断し、次のステップに持っていくことが可能かというと、私は総合知をもった人物を養成しないと難しいと思います。

佐藤　おっしゃる通りです。

松岡　そこなんですよ。将来の社会の目的や構想、産業の未来について判断ができる人材は、どうしたら育てることができるのか。そこで、先ほどからお話ししている「良心」が重要になると私は思っています。技術的な進歩を悪に利用することも簡単にできるでしょう。戦争かもしれないし、殺人、社会の支配かもしれないですが、ＡＩを使って悪いことをしようとする考えは必ず生まれてきます。だから科学技術の進歩とともに、良心を、そして信念をもってそれらを動かしていく人物を養成していかないと、社会は崩壊する。

佐藤　同感です。私が高校生の頃はちょうどパーソナルコンピューターの入口ぐらいの時代で、みんな一生懸命ＢＡＳＩＣ（プログラミング言語の一つ）を覚えた。でも、そんな知識、エネルギーは無駄になりました。また、私はアマチュア無線をやっていたのですが、モールス信号を必死になって覚えて、一分間にどれぐらい送れるか競争していました。それも今や意味がないでしょう。それは一つの技術にすぎなくて、いま最新と思われているものの更新は意外と早いのです。ただし、二進法の考え方について知っておくということはすたれない。

いま、シンギュラリティ（技術的特異点）、つまり人工知能が発達して人間と人工知能の能力が逆転する、シンギュラリティで世の中が大きく変わるんだと言っている人たちの機械観というのは実は相当古くて、第１章でもふれたド・ラ・メトリの「人間機械論」という考え方の延長線上にあるものです。

そして、神学者からみると面白いことがあります。ルターとカルヴァンは同じ宗教改革者と言われているけれども考え方が違います。ルターは、有限なものによって無限を包摂することができると考えている。だから、二進法的な世界があるとしたら、それで宇宙を説明できるし、宇宙全体をその世界観で支配、管理することができるはずなんです。

それに対してカルヴァンは、「カルヴァン主義的外部」と言いますが、人間は絶対に全体というものを包摂することができないで、外部は永遠に残り続ける、と考えています。プロテスタンティズムにはこの二つの流れがあるのですが、同志社は会衆派で、基本はカルヴァン派です。だから、人知では及ばない世界があるということに対する畏敬の念が非常に重要になります。ＡＩの哲学もここに関わってきます。

ｉＰＳ細胞についても、考えてみて下さい。パンを買う時には遺伝子組み換え小麦ではないかと注意し、納豆を買う時には遺伝子組み換え大豆不使用を購入している消費者が、ｉＰＳ細胞はすばらしいというのは矛盾しているでしょう。人体に対する遺伝子組み換えは認められるのに、食の安全には神経質という論理転換はどうなっているのか。

同志社のサイエンス・コミュニケーターの教育では、こうした日常の生活の中で、どう科学的思考を養っていくかが目的の一つですね。

松岡　はい。二〇一七年一二月に、新幹線「のぞみ34号」の台車に亀裂が入り、あとわずかで台車枠が破断するという、きわめて深刻なトラブルが起きましたね。私はこのニュースを見て、これこそまさに文理融合の総合知で考えるべきテーマだと思いました。

新幹線が作られて五〇年以上経っています。多くの技術者が五〇年新幹線設計に携わってきて、かなりきちんとしたものをつくってきた蓄積があります。何度となく車体変更がされて、それに伴って懸架部分の設計変更も必ずやってきたでしょう。そしてその変更は一からでなく、技術の積み重ねでやってきたはずです。

形状を変えたことによって何が起こるかというと、専門用語で言うと応力集中、いわゆる応力が特異的に高くなると、亀裂が発生しやすくなるのです。そういう現象が出てくるのは不可避なので、基本的には検査することで破壊を予防する。そこまでは技術者が絡んでいると思います。

そして、実際に新幹線を運行させているのは技術者ではなく運転手です。運転手は異常を感じた時になぜ停めなかったか。私は事故解析をやったわけではありませんから断言はできませんが、ＪＲ西日本によれば、本来は行なってはいけない作業である研削がされたことで板厚が薄くなっていた。それが、原因で強度が不足し、応力変動によって亀裂が進んだのだと思います。運転手なり車掌なり、乗務されている方々がそうした知識をもっておられたら、もっと早い段階で停めたのかもしれません。

良心は限定合理性を超える

佐藤　それは文理融合の重要なテーマです。さらにこれを文科系のほうから見ると、企業内の力関係や文化も大きく関わっていることがわかります。

実は私は、その二本あとの新幹線で京都から東京に帰ったんです。亀裂を起こした新幹線は、小倉あたりで「異臭がする、ガチャガチャと変な音がする」と言って、岡山で一回停めて会社に判断を仰いだら、ＪＲ西日本の東京の指令では「動かせ」と言った。なおかつ、新大阪で乗務員引き継ぎをした時に「運行に支障はない」と伝えました。それをＪＲ東海は名古屋で停めたわけです。

ここで示されているのは何かというと、ＪＲ東日本は会社と非常に対決関係にある強力な労働組合があって、安全が何よりも重要だと主張しています。「停める勇気」を労組委員長が主張していて、東日本大震災の時にＪＲ東日本では死亡者がゼロでした。必ずしも会社のマニュアル通りにやっていなくて、現場の運転手と車掌が状況を見て独自判断で動いた。労組が会社とかなり厳しい緊張関係にあって、職場でのミスがあったら会社からやられると思うからこそ、事故が起きそうになったら運転手や車掌たちの判断で停めるし、過剰なダイヤを組ませないし、過剰な勤務をやらないんですね。

菊澤研宗慶應大学商学部教授が『組織の不条理——なぜ企業は日本陸軍の轍を踏みつづけるのか』(ダイヤモンド社、二〇〇〇年)という本で、ガダルカナル戦の分析をしているのですが、ガダルカナル戦は実は日本軍の限定合理性から生じた、というのです。

総突撃されたら敗けることは大本営もわかっている。だから総突撃はしないのですが、他方、すぐに撤退できるかというと、大本営でも意思決定はできないし、現場が言うことをきかない。だから、やらせてくれ、しかも白兵戦でやりたい、と。なぜならば、皇軍には二百三高地からシンガポールまで白兵戦という伝統があって、その伝統にのっとった上で失敗して失敗して、戦力の逐次投入を何度か繰り返さないと、現場でも大本営でも、意思決定を変更しなければだめだとはならないんですね。それで意思決定を変更した瞬間に、玉砕戦にはならないで全部輸送船が行って助け出しているでしょう。こういう限定合理性の下で動いているわけです。

ＪＲ西日本の指令としては、電車を遅らせて会社から叱責されることと、このまま走らせることを天秤にかけたとき、走らせることのほうがずっと重かった。そして、新大阪で引き継ぎをする人間も、実は煙と臭い、異常音がしていたことを自分も点検している。しかし、それを言ったら、マニュアルに則して大変な手続きが増えてしまう。それで運行が遅れるということになったら自分の責任になって業績考課に関わってくるでしょう。それよりは異常なしで引き継いだほうがいいんだという思考の集積で、自分の会社の文化における合理的な選択をしているのですね。この〝合理性〟を超えられるためには、やはり「良心」が要る。

松岡　そのとおりです。

佐藤　「良心」というのは、この場合職業的プロ意識であり、プラス超越的な価値観です。

松岡　たとえば材料や構造についての基本的知識があれば、まず「予知」ができます。この場合、このまま走行させたら何が起こるかについての、いわば「最悪の予知」です。もちろんそうした科学的知識は、こんなにすばらしいことができるという、いい予知も生み出します。それが平時における成果ですから、自分の評価につながるでしょう。しかし、最悪の予知をどこまで本気でやれるか問われる局面は、必ず出てきます。技術者だけでなく、現場がその予知能力をどう養っておくのか。

まさしくこれが、総合知が目指すものなんですね。つまり文と理という全体像を、マネージメントを含めてさまざまな要素を考え合わせて、何をここでやるべきかを判断し、行動に移れるようにする。そして、まさに良心を持って行動できるようになるということです。

なぜ「赤ちゃん学」なのか

佐藤　サイエンスの思考において良心は非常に重要です。iPS細胞についてもそうですが、同志社における文理融合のきわめてユニークな実践である「赤ちゃん学」は、まさに良心に関わってくる研究だと思います。

松岡　赤ちゃん学は二〇〇八年に、寄付教育研究プロジェクトとしてスタートしました。その後、研究開発推進機構の中に四〇以上の研究センターがあるのですが、その中の一つに発展しました。

研究センターの魅力は、文学部だけ、あるいは理工学部だけ、と一つの学部の教員で研究を進めているのではなくて、特定の研究テーマに対し、学部を越えた教員が集まって知恵を出しあっていることです。その中で赤ちゃん学研究センターは、私が進めようとしている文理融合の中でも非常に珍しい位置付けです。最終的には全学的に研究面だけでなく、

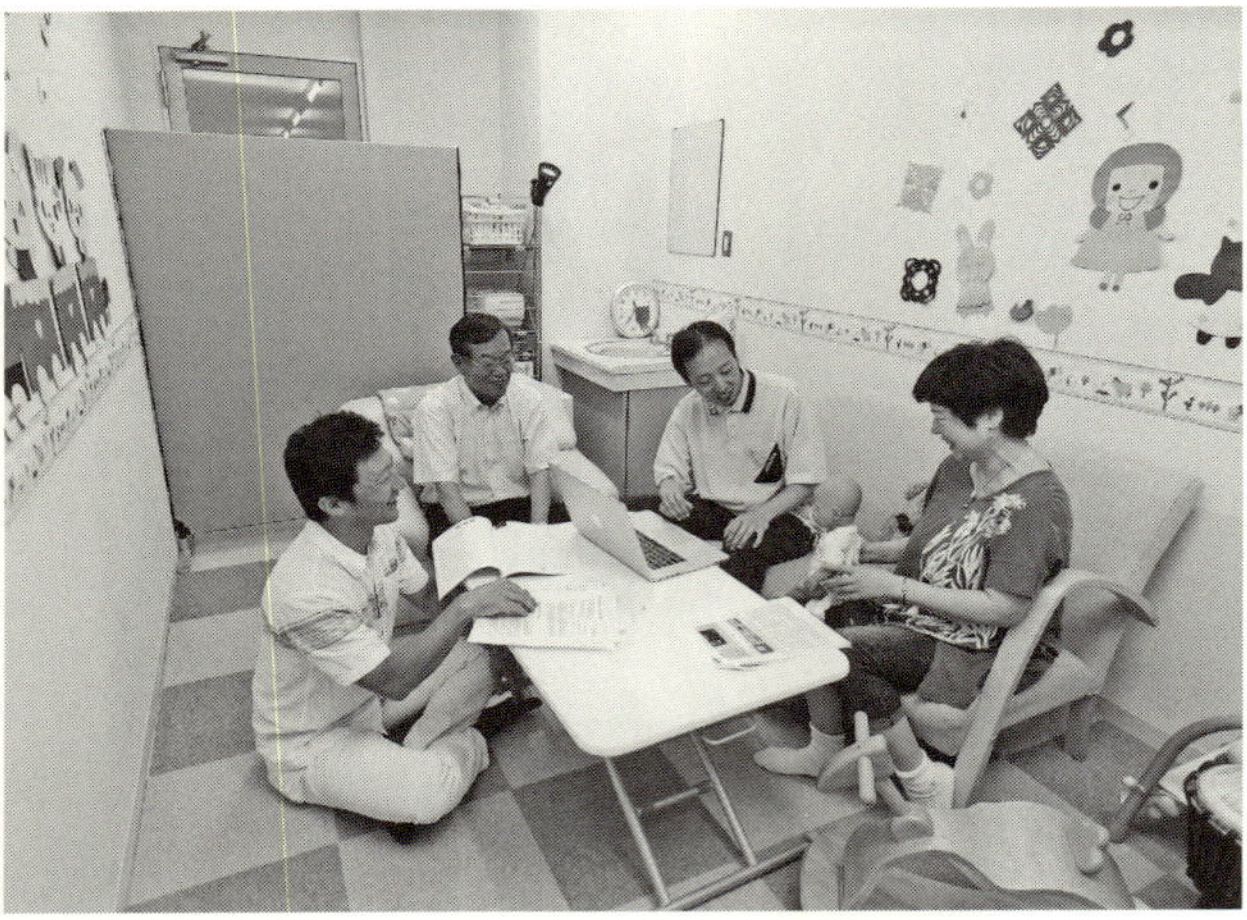
赤ちゃん学研究センターは、2016年に国の共同利用・共同研究拠点に認定され、理化学研究所との共同研究など世界的研究拠点をめざしている。

教育における文理融合が両輪で発展していくことを目指していますので、その起爆剤の一つとして期待しています。

第1章でもふれましたが、同センターはめざましい進展があって、国でも赤ちゃん学の位置付けが着実に評価されてきています。二〇一六年には「共同利用・共同研究拠点」として文科省から認定を受けました。赤ちゃん学については同志社が世界のトップとして走れ、ということですね。世界から研究者も呼び、学びに来てもらおうという拠点に認定されたことは非常に大きなステップアップになっています。

赤ちゃん学には、倫理、哲学、心理、

脳科学、あるいは情報科学といった分野がいろいろ集まって形成されています。これまで取り組んできた積み重ねを踏み越えた枠組みであり、また、赤ちゃんという、非常に無垢で繊細な「人間」を研究対象としている点で、他の研究とは異なる難しさがあると思うのです。

赤ちゃんにももちろん、人としての尊厳があります。人を対象とする研究について、倫理の面からどう対応していくのか、実際に赤ちゃん学に携わる研究者自身も、いままで考えてこなかった領域に足を踏み入れていかなければならない。そうしたレベルから、研究の基盤をつくっているのです。何よりも、研究対象である赤ちゃんを集めるにあたって、地域住民の方々の理解とその協力が実に重要なのです。

さらに二〇一七年から、理化学研究所から委託を受けて、一〇大学の医学部から赤ちゃんに関するデータを同志社の赤ちゃん学研究センターが集積し、同志社の持っている知見を使ってデータベース化することになりました。最終的に理研との共同研究に入っていくことになります。まさに同志社が赤ちゃん学研究の中核になるわけです。理研は国の機関ですから、国立大学といろいろなつながりがあるはずですが、私学とこうした協働をするのは今回が初めてです。

地域と緊密につながり、文理にまたがった広がりのある総合大学だからこそできることだと自負しています。

赤ちゃんと人間の尊厳

佐藤　赤ちゃん学研究の連携をどのようにして同志社全体のイメージの向上につなげていくのか。同時に、大学の組織としてどう位置付けていくかが非常に重要になってきます。これは広報のウエートが高くなると思うのですが、初動の段階で大学がグリップする形でメディアに出て行くのか、あるいはどこかのテレビ局と組んでいくのかなど、入口でだいぶ変わってくるでしょう。

松岡　理研はデータを集めて最終的に何に使うかというと、おそらくAIという新産業に貢献していく一環だと思います。それも踏まえて、今後どう展開していくかについては、実は同志社の赤ちゃん学の持っている概念、知見が大きく関わっています。

佐藤　そうなんです。赤ちゃん学で怖い面は、優生思想と結びつくことですね。精子バンクの発想もそうですが、どういうふうにしてブンデスキンダー(天才児)をつくっていくかといったナチスの優生学と結びつくような印象で受け止められると、一転して評価が逆転するでしょう。倫理の観点からも、きびしい目配りが必要です。

松岡　そうです。そこで、まさに「良心」、同志社で研究することの意味が問われてきます。だからこそ同志社が赤ちゃん学を発信していけるというのは、私たちの人物養成としっかりとつながっている気がします。

佐藤　こうした人間存在の根幹に関わる倫理が求められる研究に、組織上も学長のアンブレラがしっかりかかっていることは、実はとても重要なことです。

松岡　やはり外部、理研との連携ということになってくると、学内においての組織の位置付けが大きな課題になってきます。今後の大学の機能強化の中でも、赤ちゃん学研究をどうしていくのかについてしっかり構想していかなくてはなりません。

教員もまた自己改革を

佐藤　松岡学長下で大きくなってくるものとして、短期においては学生環境サミットがあり、中長期においては赤ちゃん学研究センター、そしてサイエンス・コミュニケーターの打ち出し方という三つの弾があるわけですね。

リーダー養成という形のマネージメントでは、同志社の中の選りすぐった学生たちが各学部から集まって、いろいろな講師を呼んで発表させてレポートをさせる講座も考えてみると面白いと思います。

松岡　最終的な第三ステップには、そんなイメージがあります。ただし、いきなりそんな学生はあらわれてこないので、どう素地をつくっていくのかがまず課題です。それには、まず教員自身もきちんと自分の教育のありかたを見つめ直していかないといけない。これは私の任期の間に、その道筋だけはつけておきたいと思っているのです。

佐藤　自分たちの学生がきちんと講義について行ける基礎力があるのかどうか、またそれぞれの適性を見極めてどう伸ばしていくか、先生方にも問題意識が必要になりますね。学生は、手当てをすればいくらでも向上していくので。

松岡　専門的な部分については、それぞれの教員はプロフェッショナルですが、専門から離れたところで学生にどう向き合い、どのような教育をしていけばいいのかについては、簡単にはいきません。そういう意味では、はっきり言って、実はわれわれは教育者のプロになれてはいません。ところが、学生からすれば教師、先生というものは、実は専門を離れた部分もものすごく大切なんですね。私は理系ですが、理系だからこそ文系の知識をもっと持ち得たほうがよかったと自分の生き方の中でも反省しているし、まだ遅くないかもしれないとも思うのです。

佐藤　まさにインターディシプリンですね。学際的なことが非常に必要になってきて、プロだから他のことは知らないでは済ませられない。

私が外務省でやっていた仕事でいえば、たとえば核不拡散の関係で核物理学や生物兵器、化学兵器に関わっていた人たちを外に流出させないために、科学技術センターをモスクワにつくるという仕事があった。その時ににわか勉強でも何でも原子力の勉強をしないと、通訳もできないし、サブスタンスがわからないわけです。あるいは科学技術協定や原子力協定をつくるといったらやはり原子力の基本を理解しないといけない。そうして鍛えられるわけです。

松岡　なるほど。文系だから科学のことはわからない、では仕事にならないのですね。そういう総合力をつけるには、「ALL DOSHISHA 教育推進プログラム」のように、いろいろな先生が関わってくる必要があります。そして、何よりもやる気のある先生が関わってくれること。

内から改革させていく、それがいちばん大変です。自分を自己否定するというのは、どうしても私たち大学教員は苦手なんですよ。

佐藤　それは官僚や大企業の社員も苦手です。

松岡　自己否定できるようになれば、また同時に学生を絶対否定してはだめだ、ということもわかってくる。ウチの学生はダメだ、と否定してしまうと、やる気をすべて消してしまいます。そうではなくて、本当に一人ひとりを見て、その人の持っているいいところをどう引き出すのかが、教育者たる者、あるいは研究者たる者の資質です。

同志社には、それだけの十分な資質のある学生が入ってきてくださっていると思う。無限に成長していけるかれらをどういうふうに導いてあげられるのかは、教育推進プログラムの中からつくり上げていくことができるし、いままでなかった同志社人をつくり上げられると思っています。これはやはり社会にきちんとメッセージを伝えたい。私たちのメッセージを受け止めて、ぜひ同志社で学びたいと思った方々に、出会っていきたいですね。

一生をかけて考えること

佐藤　二〇二〇年の学習指導要領改訂問題は、教師も学生も親たちもみんな気にしているし、不安がある。でも恐れることはなくて、偏差値の輪切りから少し離れて、何をここで学ぶのか、大学で勉強することの意味を考え直す契機なのだと思います。

そして、いま学長の言われたように私たちはこういう教育をしたい、こういう学生に出会いたいというメッセージを発している大学があると、しっかり発信していくことが必要だと思います。今年四月一日付で松岡学長から私は同志社大学特別顧問(東京担当)を命ずるという辞令をいただきました。きちんと責任を果たしたいと思います。身が引き締まります。

松岡　先ほど佐藤さんが聖書の「九九匹の羊と一匹の羊」のお話をされましたね。社会に出て、どんな場面にいようが、どのような状況の中で仕事、活動をしていようが、いま本当に必要とされていることは何なのか、そして自分に何ができるのか、常にそういうスタンスで判断し、行動できる人間を育てることは非常に大切です。そして、われわれも一生同志社人として、「良心」を持ち続けていかなくてはなりません。

これを言うと、もしかすると批判されるかもしれない。勤めているところで、上から大きなダメージを与えられるかもしれない、などいろいろなことを知っていても黙ってしまうということが往々にして起こりますね。そうではなくて、ダメージがあるかもしれないときでも、ちゃんと自分の良識に従って声をあげる。そういう勇気ある行動ができるかどうかが実はいちばん大切で、同志社人は、そこを目指していくということです。

もちろん大学でそういう教育を受けたからと言って、一気に声を上げられる人物になれるわけではないでしょう。でも同志社人は、社会に出てから経験を積み、多くの知識を得て、ずっとそれらを問い続けながら、一生を終えるのではないかと私は思っているんです。たとえば、「良心」とは何なのか。自分も「良心」は何かと一言で言えるかというと、言えません。でも、死ぬ瞬間に、それが何か自分の中にポッとわかることができたら幸せだなと、そんなことを思う時があります。

おわりに——大学令発令一〇〇年の年に

二〇一八年は明治維新一五〇年、そして大学令発令一〇〇年の年である。メディアを中心に、明治維新一五〇年が大きく取り上げられているが、私立大学に奉職している私にとっては、大学令が発令された一九一八年は、私立大学が帝国大学と同じ土俵に立つことができた、歴史的にも大切な年である。いうまでもないが、一九一八年は第一次世界大戦中であり、世界は動乱の時を迎えていた。しかし、皮肉にも日本では大戦景気で新たな産業が生まれ、新時代到来の勢いのある時代であった。産業の急速な変化による近代化が進み、第二次産業革命が進む中で、新たな人材育成についての高等教育のあり方が議論され、大学改革が進められた時でもある。

それから一〇〇年が経ち、科学技術の驚異的な進歩に伴い、今や第四次産業革命のただ中にあると言ってよい。また、日本社会の抱える深刻な問題はそれだけではない。一八歳人口の減少、高齢化社会の到来などを見据え、大学は未来を拓く人材の育成に取り組まなければならない。

社会は現在が大学教育にとって重要な変革期であることを認識し、またそれぞれの大学は次なる教育改革について検討を始めるべき時を迎えている。同時に、より一層進行するであろうグローバル化を念頭に、これからの日本の大学教育のあり方についても議論を重ね、未来を見据えた新たな取り組みとは何かを、「社会と共に」考えることも大切である。大学はどのような教育を行い、学生はどのような力をつけなければならないのか。教育の質の保証とあわせて、各大学は自らの指針を社会に提示し、そして社会から評価を受けなければならない。

本書では、同志社大学におけるいくつかの取り組みも述べさせていただいたが、それは、このようなことを他の大学でも実行すべきだ、という趣旨ではない。われわれが今、大学教育あるいは高等教育とはどのような可能性を持っているのかについて、模索しつつ形づくっている、一つの「同志社モデル」としてご理解いただければ幸いである。

ただ、同志社大学が「どのような人物を社会に送りだそうとしているのか」を知っていただくことは、各大学の大学改革の参考になるのではないだろうか。これから入学してくる学生たちとその保護者、さらには社会に向けて、これまで以上に学習成果を示すことが、これからの大学に課せられた使命であり、責務であることは間違いない。

本書中で、佐藤優氏が述べられた「人間のＯＳができるのは大学時代である」は、受験生にとって重みのある言葉である。大学受験では多くの場合、偏差値による枠組みの中に自己を当てはめ、志望大学を決めている。しかし、受験生がほんとうに知っておくべきことは、志望している大学が学生たちにどのような学習環境を提供してくれるのか、そして、どれだけ多くの刺激と経験を与えてくれる教育・研究環境が備わっているのか、ではないだろうか。

未来社会を担う高度職業人は、大学での専門分野の学びに加え、文と理にとらわれず、幅広い教養を身につけ、「総合知の力」を養っておくべきである。そして学生は、国際情勢や第四次産業革命による新たな仕事(労働人口の割合の変化)など、さまざまな事柄について深く認識し、また同時に激動の時代を読み解く能力を涵養しなければならない。まさに未来予測である。予知能力を持つことができなくても、読み解く技を養うことはできるだろう。大学で教育した人材を不確実な社会に送り出さねばならないのだから、もちろん教育者もこの技を身につけなければならないだろう。如何にしてこの技を身につけるのか。

大学令発令一〇〇年を迎えた今、各大学の新たな挑戦が始まろうとしているのかもしれない。

最後に、数回にわたる対談において、佐藤優氏の深い見識と知見をいただき、充実した満足のいく内容にまとまったことに感謝いたします。同時に、同志社大学学長としてまた一人の大学教員として、大学教育のこれからについて語る機会を得ることができたことをうれしく思っています。また、終始編集にご尽力いただき、卓越した編集力をもって本書をまとめていただいた岩波書店第二編集部・中本直子氏に心より感謝申し上げます。

松岡　敬

二〇一八年六月一日

同志社大学今出川キャンパス彰栄館学長室にて

佐藤 優
作家・元外務省主任分析官。1960年生まれ。同志社大学大学院神学研究科修了後、外務省をへて現職。著書に『獄中記』(岩波現代文庫)『十五の夏』(幻冬舎)『埼玉県立浦和高校 人生力を伸ばす浦高の極意』(講談社現代新書)他多数。

松岡 敬
同志社大学学長。1955年生まれ。工学博士。同志社大学工学部機械工学科卒業、同博士課程単位取得退学。近畿大学工学部助教授を経て98年より同志社大学工学部教授。2010年から13年まで副学長、16年4月より現職。

いま大学で勉強するということ
――「良く生きる」ための学びとは

2018年 8月3日 第1刷発行
2018年10月5日 第2刷発行

著 者 佐藤《さとう》 優《まさる》 松岡《まつおか》 敬《たかし》

発行者 岡本 厚

発行所 株式会社 岩波書店
〒101-8002 東京都千代田区一ツ橋2-5-5
電話案内 03-5210-4000
http://www.iwanami.co.jp/

印刷・理想社 カバー・半七印刷 製本・松岳社

ISBN 978-4-00-061287-6 Printed in Japan